海上絲綢之路基本文獻叢書

海防纂要（三）

〔明〕王在晋 撰

文物出版社

圖書在版編目（CIP）數據

海防纂要．三 /（明）王在晋撰．-- 北京 ：文物出版社，2022.7
（海上絲綢之路基本文獻叢書）
ISBN 978-7-5010-7652-9

Ⅰ．①海… Ⅱ．①王… Ⅲ．①海防－軍事史－中國－明代 Ⅳ．①E294.8

中國版本圖書館 CIP 數據核字（2022）第 086619 號

海上絲綢之路基本文獻叢書

海防纂要（三）

撰　　者：〔明〕王在晋
策　　劃：盛世博閱（北京）文化有限責任公司

封面設計：鞏榮彪
責任編輯：劉永海
責任印製：張道奇

出版發行：文物出版社
社　　址：北京市東城區東直門内北小街 2 號樓
郵　　編：100007
網　　址：http://www.wenwu.com
經　　銷：新華書店
印　　刷：北京旺都印務有限公司
開　　本：787mm×1092mm　1/16
印　　張：14.375
版　　次：2022 年 7 月第 1 版
印　　次：2022 年 7 月第 1 次印刷
書　　號：ISBN 978-7-5010-7652-9
定　　價：98.00 圓

總緒

海上絲綢之路，一般意義上是指從秦漢至鴉片戰争前中國與世界進行政治、經濟、文化交流的海上通道，主要分爲經由黄海、東海的海路最終抵達日本列島及朝鮮半島的東海航綫和以徐聞、合浦、廣州、泉州爲起點通往東南亞及印度洋地區的南海航綫。

在中國古代文獻中，最早、最詳細記載『海上絲綢之路』航綫的是東漢班固的《漢書·地理志》，詳細記載了西漢黄門譯長率領應募者入海『齎黄金雜繒而往』之事，書中所出現的地理記載與東南亞地區相關，并與實際的地理狀况基本相符。

東漢後，中國進入魏晉南北朝長達三百多年的分裂割據時期，絲路上的交往也走向低谷。這一時期的絲路交往，以法顯的西行最爲著名。法顯作爲從陸路西行到印度，再由海路回國的第一人，根據親身經歷所寫的《佛國記》（又稱《法顯傳》）一書，詳細介紹了古代中亞和印度、巴基斯坦、斯里蘭卡等地的歷史及風土人情，是瞭解和研究海陸絲綢之路的珍貴歷史資料。

隨着隋唐的統一，中國經濟重心的南移，中國與西方交通以海路爲主，海上絲綢之路進入大發展時期。廣州成爲唐朝最大的海外貿易中心，朝廷設立市舶司，專門管理海外貿易。唐代著名的地理學家賈耽（七三〇～八〇五年）的《皇華四達記》記載了從廣州通往阿拉伯地區的海上交通『廣州通夷道』，詳述了從廣州港出發，經越南、馬來半島、蘇門答臘半島至印度、錫蘭，直至波斯灣沿岸各國的航綫及沿途地區的方位、名稱、島礁、山川、民俗等。譯經大師義净西行求法，將沿途見聞寫成著作《大唐西域求法高僧傳》，詳細記載了海上絲綢之路的發展變化，是我們瞭解絲綢之路不可多得的第一手資料。

宋代的造船技術和航海技術顯著提高，指南針廣泛應用於航海，中國商船的遠航能力大大提升。北宋徐兢的《宣和奉使高麗圖經》詳細記述了船舶製造、海洋地理和往來航綫，是研究宋代海外交通史、中朝友好關係史、中朝經濟文化交流史的重要文獻。南宋趙汝適《諸蕃志》記載，南海有五十三個國家和地區與南宋通商貿易，形成了通往日本、高麗、東南亞、印度、波斯、阿拉伯等地的『海上絲綢之路』。宋代爲了加强商貿往來，於北宋神宗元豐三年（一〇八〇年）頒佈了中國歷史上第一部海洋貿易管理條例《廣州市舶條法》，并稱爲宋代貿易管理的制度範本。

元朝在經濟上採用重商主義政策，鼓勵海外貿易，中國與歐洲的聯繫與交往非常頻繁，其中馬可•波羅、伊本•白圖泰等歐洲旅行家來到中國，留下了大量的旅行記，記録元代海上絲綢之路的盛况。元代的汪大淵兩次出海，撰寫出《島夷志略》一書，記録了二百多個國名和地名，其中不少首次見於中國著録，涉及的地理範圍東至菲律賓群島，西至非洲。這些都反映了元朝時中西經濟文化交流的豐富内容。

明、清政府先後多次實施海禁政策，海上絲綢之路的貿易逐漸衰落。但是從明永樂三年至明宣德八年的二十八年裏，鄭和率船隊七下西洋，先後到達的國家多達三十多個，在進行經貿交流的同時，也極大地促進了中外文化的交流，這些都詳見於《西洋蕃國志》《星槎勝覽》《瀛涯勝覽》等典籍中。

關於海上絲綢之路的文獻記述，除上述官員、學者、求法或傳教高僧以及旅行者的著作外，自《漢書》之後，歷代正史大都列有《地理志》《四夷傳》《西域傳》《外國傳》《蠻夷傳》《屬國傳》等篇章，加上唐宋以來衆多的典制類文獻、地方史志文獻，集中反映了歷代王朝對於周邊部族、政權以及西方世界的認識，都是關於海上絲綢之路的原始史料性文獻。

海上絲綢之路概念的形成，經歷了一個演變的過程。十九世紀七十年代德國地理學家費迪南・馮・李希霍芬（Ferdinad Von Richthofen，一八三三～一九〇五），在其《中國：親身旅行和研究成果》第三卷中首次把輸出中國絲綢的東西陸路稱爲『絲綢之路』。有『歐洲漢學泰斗』之稱的法國漢學家沙畹（Édouard Chavannes，一八六五～一九一八），在其一九〇三年著作的《西突厥史料》中提出『絲路有海陸兩道』，蘊涵了海上絲綢之路最初提法。迄今發現最早正式提出『海上絲綢之路』一詞的是日本考古學家三杉隆敏，他在一九六七年出版《中國瓷器之旅：探索海上的絲綢之路》中首次使用『海上絲綢之路』一詞；一九七九年三杉隆敏又出版了《海上絲綢之路》一書，其立意和出發點局限在東西方之間的陶瓷貿易與交流史。

二十世紀八十年代以來，在海外交通史研究中，『海上絲綢之路』一詞逐漸成爲中外學術界廣泛接受的概念。根據姚楠等人研究，饒宗頤先生是華人中最早提出『海上絲綢之路』的人，他的《海道之絲路與昆侖舶》正式提出『海上絲路』的稱謂。選堂先生評價海上絲綢之路是外交、貿易和文化交流作用的通道。此後，大陸學者馮蔚然在一九七八年編寫的《航運史話》中，使用『海上絲綢之路』一詞，這是迄今學界查到的中國大陸最早使用『海上絲綢之路』的人，更多地限於航海活動領域的考察。一九八〇年北京大學陳炎教授提出『海上絲綢之路』研究，并於一九八一年發表《略論海上絲綢之路》一文。他對海上絲綢之路的理解超越以往，且帶有濃厚的愛國主義思想。陳炎教授之後，從事研究海上絲綢之路的學者越來越多，尤其沿海港口城市向聯合國申請海上絲綢之路非物質文化遺産活動，將海上絲綢之路研究推向新高潮。另外，國家把建設『絲綢之路經濟帶』和『二十一世紀海上絲綢之路』作爲對外發展方針，將這一學術課題提升爲國家願景的高度，使海上絲綢之路形成超越學術進入政經層面的熱潮。

與海上絲綢之路學的萬千氣象相對應，海上絲綢之路文獻的整理工作仍顯滯後，遠遠跟不上突飛猛進的研究進展。二〇一八年厦門大學、中山大學等單位聯合發起『海上絲綢之路文獻集成』專案，尚在醖釀當中。我們不揣淺陋，深入調查，廣泛搜集，將有關海上絲綢之路的原始史料文獻和研究文獻，分爲風俗物産、雜史筆記、海防海事、典章檔案等六個類别，彙編成《海上絲綢之路歷史文化叢書》，於二〇二〇年影印出版。此輯面市以來，深受各大圖書館及相關研究者好評。爲讓更多的讀者親近古籍文獻，我們遴選出前編中的菁華，彙編成《海上絲綢之路基本文獻叢書》，以單行本影印出版，以饗讀者，以期爲讀者展現出一幅幅中外經濟文化交流的精美畫卷，爲海上絲綢之路的研究提供歷史借鑒，爲『二十一世紀海上絲綢之路』倡議構想的實踐做好歷史的詮釋和注脚，從而達到『以史爲鑒』『古爲今用』的目的。

凡例

一、本編注重史料的珍稀性，從《海上絲綢之路歷史文化叢書》中遴選出菁華，擬出版百册單行本。

二、本編所選之文獻，其編纂的年代下限至一九四九年。

三、本編排序無嚴格定式，所選之文獻篇幅以二百餘頁爲宜，以便讀者閱讀使用。

四、本編所選文獻，每種前皆注明版本、著者。

五、本編文獻皆爲影印，原始文本掃描之後經過修復處理，仍存原式，少數文獻由於原始底本欠佳，略有模糊之處，不影響閱讀使用。

六、本編原始底本非一時一地之出版物，原書裝幀、開本多有不同，本書彙編之後，統一爲十六開右翻本。

目録

海防纂要（三）

海防纂要（三）

卷五至卷七

〔明〕王在晋 撰

明萬曆四十一年刻本

海防纂要卷之五

黎陽王在晉明初甫纂

禦倭方略

南京太僕寺卿章煥條上海防四事一曰築城堡言兵因地形今江南之變千村萬落皆爲戰場而郡縣且相率閉城奈何使各鄉兵當賊宜急築城堡於諸鄉以固守併力于郡縣以待戰郡縣有備則賊不敢散掠而謀阻諸鄉堅守則兵不必偏分而力裕將人人自爲戰守昔 皇祖命湯和視海上擇要地築數十城以備倭而東南安堵此其驗也二曰預軍需言

西北諸邊一切軍食皆有司先期部署以聽督撫調度故卒有緩急可咄嗟而辦今臨變之時上官漫督之主者亦漫應之眉睫間已成胡越何况百里之外嗣後軍中之需賞功之費一一會計所出貯之别庫使軍門不以煩有司有司不以煩居民則萬全之術也三曰練土兵言今議者悉稱調兵不知少發則不足多發則用不繼久駐則師老費財暫駐則兵散而賊復入急之則怨寬之則驕而爲亂宜訓練土兵漸罷客兵若土兵不足宜募近海丁壯及有罪調發者居之海壖給偶配予田宅使之土著而忘其鄉是城

堡之外益以藩籬計無便此者四曰收奸豪言外賊易見内賊難知今海賊深入内境凡我動靜無不知之者誰爲之又其始至千人四布莫測而嗚號畢集者又誰爲之皆奸民所釀也誠使郡縣得人示寬大布恩信問疾苦時拊循使反側者將反本而呼天何變之能生且海上多壯士負氣任俠而不肯下人我能制之則爲我用不能制之則爲賊用故安反側收豪傑治亂之機也

南京御史屠仲律條上禦倭五事一曰絶亂源言宜禁放洋巨艦窩藏巨家及下海奸民二曰防海口言

宜守平陽港拒黃花澳據海門之險則不得犯溫台塞寧海關絕湖口灣遏三江之口則不得窺寧紹把鱉子門則不得近杭州防吳淞江備劉家河則不得掩蘇松嘉興三曰責守令言宜責江南守令當以訓練土兵保全境土爲殿最四曰議調發言近日徵調各處民兵無慮數萬而虜功不奏坐不善用兵之十弊五曰作勇敢言沿海如沙民鹽徒打生手及村庄悍夫皆勇悍可用宜獎諭收錄令併力戰守疏入詔部議行之

兵科給事中楊允繩疏陳禦倭之策言海寇爲患巳

及三載破邑殺官猖獗日甚而迄無底定之期者在將習不振而弊源不革夫爲將之道曰制曰法曰謀江南諸將全不知此故用兵之際絕無紀律不鳴金鼓不別旗幟聚如兒戲渙若摶沙前有伏而不見後有賊而不知浸率爲兵浪與賊戰自相蹂踐全軍覆沒此其咎端在不知三者而至于不設哨探不知地形又其取敗之尤當事者不此之察動以增兵益餉爲請意不過張賊聲勢緩已罪愆豈知雖括天下之財供江南之役籍天下之民爲江南之兵如以蛾赴火以雪實井竟有何益臣愚以爲在先擇將而至于

弊源則又不專在外督撫賂在京權要官司又賂督撫皆取具于民即今孑遺待盡之民豈堪掊尅侵剝之患異日國家隱憂蓋不止海島之間宜勑令大臣洗心滌慮剖絕朋貺之私汎掃苞苴之習此端本澄源平倭之要道也

光祿寺卿章煥疏陳禦倭之策條上八事一曰統兵之制未定言將佐雜居諸軍烏合兵視將如弁髦將視郡縣如傳舍必將有專閫兵有常伍無事相習有事相隨則兵可統二曰馭兵之制未定言諸軍目不睹軍容耳不聞將令有急驅之不能卒集臨陣而遊

轉相掠劫必平時有約束臨陣有紀律則兵可馭三曰調兵之制未定言調至土狼獷得難訓必以諸邊節制之兵爲準調到土狼之兵爲輔則調可用四曰募兵之制未定言分道募兵皆游手無賴來去不定道路驛騷必程其技力籍其家室守法者厚恤犯法而逬者拏戮則兵可募五曰練兵之制未定言始調客兵不練鄉兵既用鄉兵又散客兵及鄉兵難持不免復徵客兵不惟緩不及事且恐爲客兵所侮必識權宜實用則兵可練六曰屯兵之制未定言兵有營居故可聚不可散有行列故可散不可亂令雜處市

壓嬉遊里巷遂令山東椎鈍變爲兟袴狼苗鄙野咸習歌舞必營居行列早爲區處則兵可屯七曰行兵之制未定言南方皆沮洳之澤萑葦之場動犯兵家所忌必行有斥堠止有堅壁又有戰地有間諜則可正可奇可疑可伏而兵可行八曰養兵之制未定言師行糧從强者主戰弱者主爨今或臨陣未食或食至不均或師行境外食具城中必給軍有制犒士有資弔死扶傷恤孤問寡則可飽可饑可生可死而兵可養又言倭賊遠來多苦於饑海濱積藏賊據而食所向無前如使築城繕堡蓄積收斂野無所掠又坐

困之道也部覆疏切時務請下督撫議處行之已上
俱嘉隆見聞紀

南京兵科給事中賀經奏海寇犯浙東以防禦漸容乃守寶山窺蘇湖等郡竊惟留都根本重地海洋容邇鎮江京口乃江淮咽喉瓜埠儀真又漕運門戶萬一點虜橫掠而西致根本震動運道艱阻爲害非淺尠也臣請添總兵駐劄鎮江事平而罷之兩朝憲章錄

閩縣知縣仇俊卿云兵法地有所必爭言其險要也嘗聞海寇徃來其大船常繫匿外洋山島之處小船時出而爲剽掠在浙常於南麂山住船雙嶼港出貨

若東洛豬山等處則皆其別道也在閩常於走馬溪舊浯嶼住船月港出貨若安海崇武等處則皆其游莊也自浙迤北則極於蓼角而屬于直隸自閩漸南則灣于南澳而屬于廣潮中間所泊所經之處可以得其槩也 籌海圖編

李承勛勘處倭情疏云稽考載籍日本在東海之中古稱倭奴漢魏以來已通中國其地度與會稽臨海相望在勝國時許其互市乃至四明沿海而來艨艟數十戈矛森具出其重貨與中國人貿易即不滿所欲則燔焫城郭抄掠居民往往爲海邊州郡之害我

祖宗灼見其情故痛絕之當開國之初八荒向風四夷賓服雖西北勁虜亦皆款塞惟是倭奴時或犯我海道是以山東淮浙閩廣沿海去處多設衛所以為備禦後復委都指揮一員統其屬衛摘撥官軍以備倭為名操習戰船時出海道嚴加防備近年又增設海道兵備副使一員專管可謂防範周且密矣是以數十年來彼知我有備不復犯邊奈何邇來事久而弊法玩而弛前項備倭衙門官員徒擁虛名略無實效寧波係倭夷常年入貢之路法制尚存猶且敗事其諸沿海去處因襲日久廢弛尤甚乃者宗設作亂

大是叛逆得意揚帆入海而去該部題奉　欽依通行各處備倭衙門一體防禦及責令緝捕務在得獲亦復徒具文移何曾着實修舉伏乞特　勑兵部議擬合無選差官員領　勑前去由山東循淮揚歷浙達閩以極於廣會同巡撫官員按部備倭衙門親歷海道地方查點原設官軍閱視舊額墩堡盤驗見在兵器官軍缺乏者即與換給撥補墩堡圮壞者即與修築官員之不才者即時易置法制之未備者即時區畫庶使海防嚴謹中土奠安可以防海壍不測之虞可以壯　國家全盛之勢矣再照海外諸國名載

諸 皇明祖訓者凡十有五而日本與焉其下註曰
本雖朝貢暗通奸臣謀爲不軌故絶之及嘗觀本朝
吏部侍郎楊守陳家藏文集亦復惓惓以倭夷變詐
兇虐時以刀扇小物褻瀆 天朝規牟大利不當與
之通好觀於今日之事則 皇祖貽謀萬代如見而
儒臣論事後世足徵其應否通貢事宜關係重大臣
等未敢擅議乞候查明奏至之日禮部奏請 勑下
勳戚文武大臣及在廷羣臣詳加會議上 請定奪
其羈留編管夷人合待彼國嗣有遣使到來然後明
降 詔旨切責一并另議處分及照朝鮮國送來被

擒人口王漾等八名雖審有鄉貫來歷亦恐或係潜
從倭夷之人合無解回本處官司審有的確方可發
落寧家又查得近日福建市舶太監奏稱有海上夷
人數十遭風漂船奔避海岍乞食被獲即已逐日關
給口糧撥軍防守亦欲伺便放歸本國臣等切料此
屬恐是宗設餘黨竄逸到彼乞　勑兵部查行都察
院將倭賊仲林望古多羅譯審責令供稱宗設手下
據其所知夷黨姓名若干却將福建見獲夷名比對
儻有一二相同即係宗設之黨無疑則當解赴浙江
以憑查勘若其非是乞　勑兵部亟行福建鎮巡三

司及市舶衙門將前項收獲夷人亦要以宗設作亂
事情會官嚴加審譯或將一二用刑拷鞫蓋夷情譎
詐叵測未可輕信務得真情從長酌處不許輕易致
使別有規避其各該地方官員失於瞭報俱各作急
查提問罪會議回報再照宗設犯華之罪不可使之
竟脫天誅況此賊搶掠中國船隻不任風濤未能返
國必且出没海陬掩我不備況有侵狂漂掠之虞尤
乞通　勑沿海各處備倭衙門整搠官兵修理戰艦
習風候時出海洋瞭捕務俾罪人斯得　國威以伸
而　聖天子日月之明雷霆之令真足以照臨八表

震讋萬方矣 疏鈔

倭與虜有同有異何謂異虜聚攻倭散攻則情異虜入障如景不可搏倭航海如鬼不可偵則形異虜可戰可守可和倭可戰可守獨不可和則法異何謂同國初水寨修舉徃倭掠畿甸淮揚復轉而閩率先台明如蹈空然分艅張帆瀲浦桃渚無所不擬傅臨觀至薄會城恐毛人踰堞矣當守險同舟山設縣置衛中爲墺者我督亢也微阮中丞不幾爲倭巢乎如是者不一當議屯同在昔兵最無制方應募于江北旋驟徵于浙東而挫之滅倭涇者永保之戍挫之乍浦

者容美之軍且暮有儆北卒固不能翼而吻海諸衛又不足恃當足兵同海上之舉空浙中儲猶借資牢盆之小票後稍議減遂有甬東九營之謀今內地如掃當庀饟同夫張皇非也儻彼不得志屬國驟發于南守與戰互權險與屯互設兵與饟互覈虜固宜爾倭亦當然執事所爲同其在是與又疇昔之難醞於王徐其人故宅省亡命具長竿料角泚鯨波而與倭購倭有唐街猶虜有板升也　詔惠顧我浙新條闌出之禁與舊例並申　風告丁寧遊奕嚴密固萬萬無虞第恐久而忘備耳醫之脈疾不以覺痛日爲病

原今民無益産而　藩有益祿河無定徙而捲掃有定役軍無更番而輓有更勞中褕之表未去檢括之征未捐有豪喜亂乘之字蛾號米惡知不甚于上東門牆耶誠一切與民休息無事不令其外次有事可藉其力以禦侮則所爲元氣之治也吾又置倭而虞内地嗚呼天下之可畏豈獨在夷狄哉

虜鍾乾坤之殺氣從古以來爲中國患三代聖王亦未聞有滅之者若倭處海表卑下地爲天地死氣與我隔大海蜃市之所迷冥封姨之所攝束萬萬不能與我爭中國中國亦萬萬不可與之通好第杜其來

之鉥而堵其入之途未來時申嚴海禁勿使幸民王直之類爲之鄉導可也將來時多備戰艦令千料等巨舸兩翼衝之中流擊之勿使登陸可也旣來時各兵策應而起用百子九珠之銃九龍神毬之檥床子連城之弩環而殲之勿使噍類得返可也　高皇帝刻意勦虜而絕倭之說錄於　祖訓其指固亦微矣

蘇松武試策

年來滄海無波豈謂今春賊鋒狂逞瀕海黃耆未嘗習覩視戊戌之變且數倍焉猶藉台庇如天機宜閎圖地方安堵民社不驚環海稍爲有備廣賊未至乘

虛結局有期而旬餘似可息肩矣官兵抵敵間或收効桑榆而寨遊亦往往有失若海壇若小埕若浯嶼若湄州均之損失船兵者也海壇之被搶者一而浯嶼之被搶者二僨事之愆誰能諱之然明言搶失使人猶可端倪若小埕則搶船而以獲功報矣臺山之擒賊也而船報衝沉不見于塘報而見于該州之申文至于湄州捕盜之失船該遊未嘗聞也比本道有聞行牌海防官嚴究而後該遊報焉則何見事之遲也惟其報之遲而衝沉之情節未敢遽信爲眞矣大海汪洋風颶時作以數載之船淌沒風濤衝礁滚溺

不敢盡謂其無然海洋萬里誰爲證據萬一爲賊搶篤欺掩賭聞是明言搶失者以愚敗而藉口衝沉者以巧全人何憚而不爲之也損失欺誣之罪罪在武臣而扶同附會之罪罪在文臣職以勝負之不可必者聽之人而以功罪之不可欺者信之巳搜求綜覈不遺餘力代庖之人過于膠柱掩口而笑側目而視者比比皆然矣用人之際論事貴公持心貴平不敢過刻以隳衆心亦不敢過縱以隳紀律戰亡者捐軀赴難而不蒙顯錄此鬼神之所泣也被擄者脫網投生而妄報希功則造物之所忌也介胄之士心性未

融動多率意功本微也而輒為矜詡事本失也而巧欲閉藏此有能而彼生嫉妬彼有失而此為播揚功成則曰受其指麾戰敗則曰違其節制連江之漁船被刧哨兵堅坐不救福興之失事踵繼寨遊寂若罔聞功無足錄罪不勝求若非漳泉之兵徃徃收捷則八閩歲費金錢三十萬餉兵皆置之無用將士亦何顏以見臺下也蘭江集

防海七事

一曰固根本四區之議海防不啻詳矣而獨錢塘之海口未聞設備陳兵連艅結寨以扼江海之衝豈以

鱉子門一帶爲浙區之奥裏耶嘉靖三十二年賊由鱉子門突入搶掠錢塘江范村等處三十四年賊由塘棲犯北關杭城震動夫省會重地兩浙根本之區而百萬生齒聚焉八營兵士汛守寧台攻瑕擣虛師行不能内顧萬一上游失守而賊兵乘間我民嚮導駕浪乘風大海長江呼吸可薄寧不爲都城蒿目哉敵樓修葺足爲犄角多藏矢石以便邀擊亦重地所恃爲喉吭者惟是所費不貲該府遂難議覆或擇其所最要者量爲修復因其所未墜者亟爲整頓庶不廢前人設埤建堡之遺意亦可爲江城倉卒捍蔽之

資矣至于戰守之卒水陸向有定額出汛亦有成規
時詘力窮未敢另圖添設姑俟再議
二曰禁漁船防倭者無不議禁漁船而不知漁船之
不能盡禁也漁有船稅魚稅鹽稅旗稅官取給于漁
漁能不取償于海乎海者漁之田也非漁而沙民無
以聊生矣然漁不禁則船益多而召倭起釁不可勝
詰惟即平時所禁諭者再一申明之曰遠洋當戢也
戢遠洋以杜搶掠之患我兵不至混淆瞭望矣曰印
旗當給也給印旗以示懸繫之法官兵庶可辨明色
號矣曰越釣當禁也禁越釣以遏闖船之入浙則閩

人不得為倭引導矣每年三四五月出汛之期通行
嚴禁敢有繫籠于要衝應禁之地操舠于廣洋遠澳
之間不遵號旗自立名色併福建漁船擅入浙區地
面者許官兵擒拏解處以違禁論罪當不至藉寇兵
而滋禍患矣

三曰議折衝兩浙濱海延袤甚廣海外情形叵測重
地乏重兵屯聚卒遇大寇有烏合之形無中堅之勢
慮之誠是也然計各區軍民兵四十六總水陸將領
官軍兵役四萬八千九百二十員名星列雲屯貔貅
萬隊分之雖不見其多合之亦不嫌于寡兵惟貴精

强不係衆嚴號令明賞罰勤簡閱謹哨探攻擊刺飭于陬小敵則分大敵則合首動尾隨彼攻此應進可戰退可守兵之不足非其患矣

四曰議戰艦福船高大全藉天風尤須人力往年閩海被倭吊取福船不便行使置之無用況廣船又大于福船蒭可連幇結寨其堪衝風破浪乎海上擊賊莫便于鳥船鳥船爲主唬船爲輔行走如飛駕御便捷木綿避彈松板避矢二說俱可相機應用至于鷹船未有成式遽難攺設猫竹窩釘恐亦未能逼賊不若刀鎗劒戟之鋒銳也

五曰練衛軍軍亦人也軍練則軍兵無別于民兵今沿海布列軍營挑選精壯以時簡練槩用防守未嘗乏軍若按籍清查官舍軍餘人盡入操則老軍幼丁不能橫槊而三斗五斗盡議加糧事關各區難以擅議至于省城前右二衛軍餘除選充老操新操二千餘名外其餘止堪供轉漕之役別無可抽取校練者嘉區議抽餘丁餉無所出猶待處分軍差煩苦時遇修城造樓出力以供興作諸弁自能役使無待上人之著爲令

六曰議要害倭有來路防倭者虞其所必至若錢塘

若象山若牛欄基壇頭台州等處越海稱要害焉據議淸明前後重兵屯于北之陳錢韭山壇頭以防南犯之倭端陽後重兵屯于南溫之鎮下關南麂台之大陳以防歸島之倭嚴守要害賊安能舍此飛渡情形巳在吾目中矣至于錢塘一路船寡兵稀浙東西俱以一江爲門戶防守疎濶誠宜蚤討近議添南關兵船五隻業奉允行惜財省費無復敢爲發棠之請矣

七曰時兵餉地方以兵爲衛兵以食爲天兵所最急者餉而郡邑輙緩視之給發非時則轉相稱貸十止

得七而迨其出子銀以償息也又十去其三枵腹荷戈飧風渡海以此責軍之買壯僅可免其脫巾之呼耳竊計田畝徵輸先後一律閭閻供億緩急皆同出諸帑藏不苦吏胥之要挾則遲可使速限以時日無庸積猾之遷延則後可使前是在院道嚴督府縣齊心徵發期會務給領于發哨之先則三軍之衆享實惠而無嗷嗷待哺之苦矣擬合通行申飭違限愆期提吏重究官不留心催督者叅論以懲其怠法期必信永示章程

發汛四款

一合勢捄援地方之藉兵如身之有手足然身有痛癢原無分于左右手足之捍衛豈有彼此緩急之分哉用兵者人自爲守雖多而不足人相爲援雖寡而有餘海上各有分疆官兵各有汛地一遇有警靡不自保其門戶鄉隣有急如秦越人之視肥瘠也輔車唇齒之勢謂何患難亟于燃眉而遠近乃成釜鬲聲勢旣孤脉胳不續以之禦寇鮮不潰者向來會哨之法寧惟提攝儆弛亦以縱連遊寨故賊犯左則左隣救之賊犯右則右隣擊之無事則周行巡詰有事則奮力合攻近者先援遠者踵至敢有任賊攻劫縱賊

竄奔賊已過而云窮追不及舟未動而云風阻不前忌隣境之成功犄角之師不應聽隔區之失事纓冠之救罔聞他或攘功以彌縫或譸張以惑衆是爲儒帥法無能寛今後凡遇該區有警先查隣境有無救援功罪並論亦聯寡爲衆轉弱爲强之一策也

二實伍設險昌國孤懸控海石浦關切近壇頭韭山爲島夷咽喉之路防守軍卒數當倍于他區乃昌國原設四所一鎮撫旗軍三千七百戶每戶旗軍一百一十三名始非不充額而後漸凋索也今所存什不過二三有如甘遊擊所開具者然減軍而未嘗減餉有

餉而未嘗有軍查廣積倉秋米一萬八千九百九十九石七斗有奇本折中半又昌國衛屯糧一千三十二石五斗象山縣屯糧一百七石五斗有奇俱坐給昌國衛官軍額餉亦云饒矣以如許之餉而無實在之軍其間弊藪似難枚舉將無有詭名占役而官旗代領者乎老弱虛糜而縱容不發者乎逋逃事故而造單不除者乎正役投充而捐勒未補者乎有之則皆軍之蠹也而餉之漏卮未塞矣縣官歲捐儲二萬以饟軍乃壇頭之警一聞空城遠竄此于養軍奚當焉該衛額軍若干見役若干食餉若干精壯者若干

老羸者若干應汰者汰應募者募只論精銳無論軍
舍餘丁許其補額而又嚴官旗隱占之罰剔虛名冒
濫之弊懲衙門勒騙之奸則食餉而得餉之用膽軍
而藉軍之力矣至于該衛城池三面距水城濠閼塞
者亟令開濬勒限興工併完爲先時守禦之備印操
官督軍挑濠畚挿及開河器具查動軍需量爲造給
其各軍應于本名月糧預給一二月以備開河食用
佚道使民恐亦軍之所樂從也
三派船接哨昌國石浦先年屢被寇侵地當衝險懸
海南北礪等山哨兵以援東路其西則象山縣石浦

巡司爲右翼焉懸海金齒八排朱門等處哨兵以援南路其北則牛欄基亘門青門茅海竿門爲戸蔽焉青門貼附爵谿所直衝韭山而亘門遠落大洋賊由韭山來者必望亘門以通南路今以二哨遠隔不能通聲息以相救援議于二哨中撥唬船四隻專在鋸門龍洞及大目山等洋往來偵探俾青亘二門哨兵聯絡以成首尾應援之勢則遠可使近斷可爲續夾攻合勦聲勢有攸賴焉惟是險洋遠哨四棹孤危或稍益于四船之外而分兵船六隻以爲一䑸于各隘勻抽撥發可乎

四多備箭矢軍中所需如火藥火器官爲給發獨弓矢令哨隊目兵自備所備不過十餘矢耳年來海上無事不遺一鏃兵不以爲費官亦相忘以爲矢不可勝用也萬一大寇卒發連艅相抗竟月相持矢石互下白羽交流此十餘矢可挽强當勁敵乎一戰而知其必窮矣若令軍士多辦月餼幾何寧堪損餉討慮及斯亦師中必需之具但查司庫所積數不滿七萬而杭城十門樓所積各有萬焉此十七萬矢未必矢皆銛利其間亦有黴蒸鏽損而不可用者省會重地居中御外留此以待不虞據議每隊什給箭八十枝

數稍可減似當置造一萬枝給中軍官均派各總領出防汛汛畢不用照數繳還用過者覈數報銷損壞者坐賠其弓箭隊什仍令每人自買箭二十枝備用用盡然後取給于公不得預冒濫費濡有衣袽其亦汛防之一藉乎

屯局軍兵督捕三款

一清屯務以給軍餉衛所軍餉仰給屯糈屯糧不完軍必受餓屯之弊自官軍扣支抵兌始而屯官屯甲又魚靡鼠耗其間或侵收而不報或拖負而不償或以未完而作荒或以已完而作欠豪軍匿貲以果腹

奸弁徵息以肥家無論歲凶即豐年輒虧其一歲逋千計積累帶徵盡歸烏有據議行令屯官每年置簿送水利道印鈐明開本折色銀若干完過銀米如數登塡仍給票爲本甲完糧執照遇比送道查驗積銀至千或數百類報兵巡道驗給役過軍糧立限徵解唱名給散不許各軍私自兌扣則軍沾實惠而那移營運及逋負侵欺者得按法以清積蠹矣

二禁舊器以革局弊除戎器戒不虞以虞敵也兵甲不堅器械不銳我失其所恃矣地方歲費帑金造器乃先給舊物粉飾以充新造夫鐵器入火猶堪鍛鍊

有如藤牌狼筅粧色抹油點綴塞白陳朽之物何能臨陣却敵糜耗錢糧用塗耳目實事虛做年來欺公弊局片言攻破此不可不力為整飭也今後遇造軍械盡將舊器估價貯庫候新器製完交驗方給舊器變價庶不至陳陳相積而戎具可無苦窳矣

三重彈壓以弭水賊兩關兵船原隸左右遊擊監督又有捕巡二廳稽查責成水兵把總畫疆哨守規度亦嚴惟是官兵懈玩往多踈虞失事遡則稍稍戢焉然聞兵船停泊近岓俱有火房慵惰之卒偷安火房夜不宿舟宿舟者又多艤棹泊岓不行巡緝盜賊竊

劫官兵熟睡付之罔聞甚有梢兵以爲賊者然則養兵何裨乎兵船蹤縱全由把總把總勤愼目兵敢不警嚴把總督捕盜捕盜督各兵曠野之區風雨之夜往來會哨篙師絡繹聲勢相援則萑苻自息而江上之風波不作矣兩關添船改船業已著爲成式無復議增禁宿火房責成官捕勤緝合再申嚴以惕其惰違者官捕問革船兵綑打治罪

營規四款

一拔立選鋒軍有强弱兵無强弱弱則當汰豈容糜餉先是亦有選鋒之名該前道議得軍營選鋒無裨

實用民兵原係選充又何更選此項名色相應裁革
復該布政司清軍道議稱選鋒一節委屬虛名蓋兵
未有不選而收亦未有充兵而不使之衝鋒者若兵
分彼此臨事恐生推諉革去選鋒爲便詳奉軍門允
示裁革刊載海防續編向在遵守今欲抽選免其雜
差每隊一什以八兵爲伍通計十營該一千二百免
差之兵恐雜差繁苦目兵不堪供役也後此必開選
鋒增餉之端惟是募兵之日嚴加精選俾人人可作
先鋒則十營甲冑爲無前之銳卒矣

二盡減頂首東西各營哨隊什長私立頂首法當盡

革但此輩俱金華外府之人凡被革者所遺盔甲戎衣弓矢器械無所取用及卓椅床帳鍋竈什物俱難運回勢必付與新補之人得其價值以資歸途盤費總在頂首數内隊什亦然向奉軍門憲禁款門哨隊什兵皆以材力選拔豈得私立頂首名色查三十三年將官呈革頂首之文具在而近反加增旣有頂首等費卽勇如賁獲安得赤手進身但沿襲有年遽難驟革姑立爲遞減之法今後各員役更換每次量減五分之一漸漸遞減至盡隊什以下倣此違者許新補員役赴將官處面禀查究向遵在卷夫遞減之法

原係多方諮訪酌議須行法期必信庶免朝令夕更此後如有剝兵壞法究贓問革者方盡捐項首至于管兵哨隊與部兵那借立簿做會則當嚴行禁戢以杜科求

三設法校藝立法訓練懸賞鼓舞此詰戎第一義原奉軍門憲牌仰道會同兩營將官嚴飭各營總哨等官督令每教師一名或弓箭鎗筅鈎鐮藤牌鳥銃等器先教習兵士五名十日後武藝果精即令教師同藝精兵五名教習兵二十五名十日後武藝果精即令前項藝精兵三十名教習兵一百五十名十日後

武藝果精即令此一百八十名可教習九百名十日後武藝果精俱赴試驗只四十日而槩營之兵武藝未有不精者再照訓練兵士係將領總哨各官職分之當然亦各兵幹己之技藝俱宜遵照着實舉行若果營伍整肅兵士精銳武藝慣熟本院閱操時即以此定各官之優劣儻或訓練無法兵士不精咎將誰諉遇警臨敵干係匪細勉之勉之奉經備行左右遊擊轉督東西二營中軍總哨等官嚴率教師照序教習各兵武藝又該兩營遊擊於該操之期親加較驗目兵弓箭武藝務期精熟足堪備禦外今議懸銀牌

以較銃箭立板片以試鎗筅目兵踴躍爭先人人技痒此亦激勵三軍一大機括也但銀牌犒賞爲數近奢後將不繼立法貴儉乃爲可常夫目兵之習技也其分也我惟量賞以作之趨而巳合議牌堵俱掛一銅錢較藝八十步而中者賞銀一錢六分五十步而中者賞銀一錢以此易八錢五錢之牌十去其八以存其二得時時而受上賞於兵亦足矣

四申明雜屬營兵犯罪安能禁各衙門勾攝事如人命盜賊何有營兵今所議其犯事之小者耳而小事輙被刁棍牽連告害監禁多時坐害月餉則各兵之

苦也案查原奉軍門憲款開禁汰革目兵不許附營潛住或以夙事或以舊帳逞刁告詐又有開店安歇不良流棍以致爲盜爲奸深爲營蠹今後驅逐革兵回籍不許潛住啓釁及開店匿奸違者拏究等因向遵在卷據議大事一面拘提一面知會小事移文取討一經解送即便查審似與軍門禁刁恤兵之款相同至于委查巡夜不到止許稟道查責或該營府佐縣正官責治首領佐貳官員不得一槩加朴庶統紀不亂而兵不苦于煩苛矣已上俱都御史高[redacted]批允杭嚴道參政王在晉議

船器墩臺總哨四款

一造船非式廣東海上在在克敵皆以鳥船爲疾捷追奔逐北皆此船也浙江則以之守港以沙唬船爲探敵衝擊之用沙船止宜淺沙南直隸沙淺故沙船爲利便唬船可以探望遇小敵則戰遇大敵則逸二船都無遮攔自守且不保何以禦大敵浙之鳥船福船規模雖似福建而製造實失其眞況駕使無法何裨實用令後福鳥二船如遇拆造先期聽令該捕徃閩中雇募匠作及兵數名到關即令食糧爲匠頭專管督責務照彼處式樣打造用之窮洋大舉衝犁斷可取勝其沙船上等者已絕無中等者不可少上等

全楠爲底身中等底楠而上杉木下等皆杉木矣殊不知沙船底平而艕薄吃水甚淺沙塗常閣若底非楠木與堅木至淺塗則閣壞矣且不能承浪近日卑職收汛逆風幾至覆没可鑒也中等決不可少下等決不堪用見蒙本道有行去中等悉用下等卑職以爲去上等存中等其下等者驗明揆期改造若蒼鐵漁唬此地有匠皆於道地雇募其匠作平時加優處之造作之時照匠給發候船成令木匠頭出結必保保實用如此船無不如式而遇夷船可以衝犁矣

一軍器火器者海上勝夷第一喫緊要務今軍器火

器等具皆由積棍包成其他且不必言如鳥銃不特煉鐵不精熟而火門十有三四皆不如法大銃藥炭多藥少非參之鳥藥不可放其火箭已蒙本道面試見之能及遠正去者十不二三餘皆垂地墮地况軍器刀鎗不堪戰陣者又不可枚舉是皆虛具以 國家有限之錢糧歸積棍賍騙之囊橐且令兵士徒手以搏敵可乎卽令如定海關應造軍器火器火藥等物悉令定海地方開爐製造委官監其料價將領嚴其精麄工完之日呈解本道面試如果堪用則已不堪用責令匠作賠造仍究罪示警不特此也就近製

造銃器少壞不至甚者可就爐修製火箭火器不堪者亦可就近改修既省繁費易於責成又便修造

一沿海衛所設有墩臺有定制矣而不知外海各總哨泊船之地瞭望尤爲緊關非有定制不惟瞭望者無所棲泊晴明日期尚可竚立至于風雨暴日人無依處何能使之立於風雨烈日之中哉如倭船往來極難測識而且四五月間商漁之船紛紛雜亂於其間大海汪洋而南哨如白馬礁蝦嶠海閘石堋烏沙箭港等門北哨如梁横長塗箭門馬墓一帶無處不可入無地不可登所恃者瞭望之眞而兵船可以追

剿無失爲今之計須令各總哨於泊船之山皆令以石砌屋一間不許如見在之虛文石壘者四圍以石密砌空處以石灰和土塗之春秋二防各總哨到哨之日卽令各捕兵於本山删取茅草以竹編苫爲遮蓋於石墻之上務使風雨不侵每瞭望用二人輪流外脫有警卽樹旗緊急搖旗在港船卽起椗揚帆俟瞭兵到船報夷船方向卽出兵船向夷船處所追逐多則以小船報隣哨合剿之軍中耳目自明而倭船無所隱匿狡夷不得乘我之不備矣

一議愼簡水營總哨事職所轄沿海地方海洋迂延

數百餘里内則控扼定海貢道外則防護舟山衢洋所恃以僇力同心而禦侮於溟渤之中者惟總哨捕者爲之羽翼顧總哨之才甚不易得而捕舵之熟海慣戰者尤難也必須慣歷風濤素諳夷險而善於鼓舞拊循者然後足以當此較與陸營總哨隊什不侔乃今委用各官多不問其人之可否地之宜與不宜率循資格而銓補之俱係聽用職官武生並得提兵海上幸而太平無事猶可支持一有警息便束手無筴逡巡退縮不戰而自敗矣則將安用此人哉總哨捕盜雖卑其關係百十人性命一船之安危則簡選

不可不慎合無將所部見在各官請乞再加考核堪者留之不堪者易之内地務使人地相宜庶幾策効有賴而事功可濟矣　遊擊梁文備倭紀略

團練軍民兵哨守議

國初懲倭之詐緣海備禦幾於萬里其大爲衛置軍四千六百四十人其次爲所置軍一千一百餘人又次爲巡檢司置弓兵百人少亦不下數十人皆大小相維經緯相錯星羅棋布狼顧犬防故所在製有數百料大船八櫓哨船若風尖快船高把哨船十槳飛船凡五等至如定海昌國貢道所經切近彼島則船

數倍蓰他處而以時出哨各有限準如三月爲頭哨四月爲二哨五月爲三哨號大汛至六月收港避風及秋七八九月亦如前爲小汛汛畢回衛休息責令各取印信到单海物爲驗若至各港次畧所則又設有水寨營柵以止舍之而統以指揮千百戶鎮撫總以閫職督以憲臣所以制禦之者密矣而歲久人玩法去盜生二十年來山頹瀾倒當事者見不可用遂别募以充遠徵以禦改造巨艦一切從宜而舊法因廢不講則亦懲咽之過矣自頃客兵驕暴鮮克宣勞故中外爭言鄉兵似矣然徇名弗思終屬文具夫所

謂鄉者對客兵而言豈謂是荷鋤秉耜穡奴牧豎然哉竊謂衛所縣司軍壯弓兵之類宜因舊法潤澤損益之務足故伍或抽羨丁或僉壯士無論軍舍通融湊攢優與津給而以其半哨守其半團練更迭肄之俾皆可戰或慮一時未習不足應猝則量留舊募以備緩急久之或可盡罷此目前備禦之長策也續文獻通考

防險三說

嘗考浙江之源始於黟之林歷山一線之微合流萬壑終於錢塘江之鱉子門而入海焉故鱉子門者乃

省城第一門戶石墩鳳凰外峙乃第二門戶此外無山惟羊許獨立海中東接衢洋西控吳淞江口爲第三門戶羊許二山有防然後石墩鳳凰有蔽石墩鳳凰有蔽然後錢塘鱉子門可寧此其大略也沙起錢塘東至吳淞會無間斷海外諸沙亦向此而轉惟平坦延曠故賊皆可登是蘇松杭嘉四府連壤一脉利害安危輔車相倚者也然而險要之防有三說焉曰海洋曰江湖曰礦山往者倭寇結巢金山柘林青南等地貽害浙之昌化富陽寇犯乍浦石墩澉浦各區流突直抵留都重地此海洋之患也沿江多盜夜劫

客船湖漾鹽徒肆行出沒此江湖之患也礦寇之擾路出多岐若休寧之馬金歙縣之街口婺源之大庸常山之草坪江山之清河龍游之灰坪蘭谿之太平街淳安之白馬村開化之華埠直進雲霧諸山嚴州之白沙直入壽昌諸處是皆賊所必由之路此礦山之患也今欲求錢塘無虞當守附海之三關欲求三關寧謐先防大海之羊許第羊山孤懸大海去乍浦太遠我舟頓此設遇東北颶風賊舟便捷彼此齊驅勝負難必許山嵒門淺狹止可避東南之風賊乘東北風利吾開舟擊之亦爲益駕矣次者金山衛城西

灣沙塗頗軟可暫停舟但遇東南之風亦未易出惟海鹽之白塔山去秦駐山不遠四風皆便賊若由大洋而來隨處可擊是海鹽一關尤四面之控制也惜乎逼於內地非早見預待之所總而論之賊由北洋經蛇山茶山其患必犯吳淞然吳淞之口北向舟難逆出必藉崇明等沙兵船以禦之賊由東洋經陳錢馬蹟犯寧定者必藉衢山馬墓兵船以禦之賊由南洋經非山烏沙門犯昌國臨觀者必藉舟山烈港兵船以禦之若由羊山直進犯海鹽者必藉乍浦三關兵船以禦之是防海之總要也江湖之患須戒備沿

江漁船之剽掠嚴緝湖港鹽船之糾集豪傑失志者收之市井無賴者制之羣聚夜出者詰之是防江湖之總要也乃若塞徽嚴諸州之要途修礦地守衛之兵制渠賊已露者戮之脅從可原者遣之是防礦寇之總要也如此則江洋互攝山海交防守浙東者即所以應援浙西守浙西者即所以犄角蘇松守蘇松者即所以鞏固 金陵脣齒兩全首尾相應制内禦外之長策殆無踰於此矣

靖海島以絕釁端議

海中山嶴錯列林木蒙翳亡命姦徒易於盤據如寧

波之金塘大榭台州之玉環高丕溫州之南麂東洛等山俱稱沃壤外逼島夷元末逋逬之徒蕃聚其中卒致方國珍乘之以據浙東洪武間湯信國經略其地遷徙其民一洗而空之勒石厲禁迄二百餘年莽無伏戎島無遺寇則靖海之效也嘉靖三十二年間倭夷內訌多係海中潛住奸猾結連勾引以致禍延內地可爲殷鑒邇來覬山藪之利者每每倡爲闢草萊之說脫一得售不幾於圖小利而貽大害乎合無申明禁約今後敢有奸民豪户擅將前項海壖閑地私自開墾占住圖利者事發從重究道各該有司不

得縱容釀亂庶亡命奸徒無敢盤據巖谷而海島既靖釁端自弭矣

禁戢漁民搭廠繫筩議

定臨昌中正等哨把總呈稱定海總南洋如普陀白沙港箭港馬蟻涇泥白馬礁鴨嶼北洋如八斗嶴梁橫蒲門茜草田長塗收羊頭臨觀總派守信洋如西墾上落河頭巡哨信洋如野猪礁等處正兵哨則有沈家門中正遊哨則有小衢山田嶴鷹窠蒲嶴鼠狼湖蝌鉗昌國各哨信地附近則竿門百畝田旦門牛欄基懸海則韭山壇頭金齒門等處俱有漁民假借

勢要在彼搭厰繫箭日煙夜火深爲邊釁合無移請
嚴禁將背洋僻嶴厰房姑存免拆如有衝對外洋漁
厰徃來船隻可見者盡行拆毀徙入内地庶邊患可
彌民不失利各等因據該覆查得寧區海上島嶴遠
近俱屬哨防漁民業海爲生内外皆可覓利又何必
遠出窮洋招禍惹釁皆緣愚民惟利是趨不惜身命
且附托聲勢罔知法紀預於官兵未出之先徑抵前
項處所搭厰繫箭恬不爲慮設遇被擄棄倭船而易
漁舺挾吾民爲之嚮導揚帆直入俾官兵莫能辯認
甚有一等奸民領富豪資本希圖欺賴詐稱外洋遇

倭誠有如憲檄所云然者俱積習有年視爲固有而信守各官又以兵民隔屬無可禁阻若非道鎭軫念海防行查禁戢則將來隱憂似難盡杜今據各總查報前項繫莆處所論法盡應驅逐因慮民利不可遽除海釁又當禁絕姑就各島較量衝僻將定海總屬白馬礁白沙港箭港中正遊哨小衢山田嶴鷹窠蒲嶴鼠狼湖蠏鉗臨觀總屬野猪礁昌國總屬韭山壇頭金齒門等處皆孤懸大海屢屢爲倭船必經必泊之處更與諸嶴不同有搭蓋廠房并繫莆船隻相應盡數拆毀驅入稍內生理永禁不許復出外洋惹釁

如違拏解究治其餘附近各山筩廠除背洋僻嶴觀望不及者准容存留有對衝海面船隻經臨烟火相望者姑免遣逐令其徒入嶴內照舊復業如此則外洋既無漁民可絕擄掠之患近海復令生理不失魚利之資防海民生兩得之矣

防禦機宜五議

南京刑科給事中徐桓奏方今西賊叛逆北虜跳梁當事者以討賊備虜兩難措手釐　宵旰憂時事亦孔棘矣所幸者春汛畢期東南庶無警耳乃遼東忽報倭船四百隻直犯朝鮮勢甚猖獗臣見之不勝驚

駮不勝憂慮夫關白智能篡奪力能兼并狡焉啓疆志不在小豈徒欲勝一朝鮮已哉情形叵測　畿輔要地深屬可虞倭釁將不在東南而在西北矣臣代攝兵垣而又生長東越彼倭之患與防倭之策耳目習之敢苟默不爲　皇上一籌乎今之談兵者謂倭奴易與耳　世宗時曾殲之隻艦不歸封爲京觀此疥癬之疾無足深慮臣則謂不然當嘉靖入犯者非眞日本乃島外夷也汪直徐海等誘引剽掠志在子女財帛耳故一招撫汪直等即窮促投降然尤費天下全力數年而後平定若關白殺其主而奪之兼倂

六十六州其智謀威力遠非汪直等倫而左右羽翼又多閩浙人有技能者治艦繕兵實欲舉勝力與中國抗烏可視爲易與而忽之朝鮮距日本極遠濵渤澥茫忽揚帆鼓棹直趨其境遼東密邇朝鮮鴨綠江水道往來頗便儻聲東擊西倏轉而犯遼左將若之何遼左自劉江之捷倭讐絶跡人知備虜不知備倭然兵力强而材官備山海關險阻尤有可恃天津通海口抵　京師僅僅三舍彼中有善識海道者誘之徑從海口直抵天津則逼近京邸而武備又单弱不知將何以禦之此臣之大恐也然禦倭之策無過截

之於外洋撲之於初至蓋倭善跳躍利陸戰不利水戰吾從其所不利者擊之則易爲力而所爲截之撲之者討莫神於火攻或用火箭焚其舟或用火砲殲其衆此出奇制勝第一事惟南兵用之爲最精北兵止長步騎而水戰火攻尤其所短者臣請　勑薊遼督撫諸臣急募南兵南兵惟浙人驍勇倭奴所素憚聞張家灣河西務等處浙人延頸待募者甚多一募之可得數萬人擇其壯勇者收之行伍令兵部選善將者提督而訓練之膚功可立奏不爾則見有薊鎮三屯營南兵可調遼左急則令赴遼左天津急則令

赴天津即遣遊擊吳維忠將之昨見撫臣沈思孝疏請調發以禦逆虜臣謂寧夏道里甚遙徵發不便畿輔要地尤爲喫緊此調募南兵以破倭機宜所當議者一將帥者三軍之司命必得戚繼光劉顯者爲將倭不足平矣今世豈乏其人哉顧所以求之任之鼓舞之何如耳沿海地方將領雖星羅布列然多紈袴債帥即知能者往往視官爲傳舍朝夕營營爲薦引陞遷計孰肯究心兵法與地利也此無他久任之法不行而考課之典獨遺耳臣請　勅沿海督撫會同按臣將屬内武職自總兵而下一一品隲而甄別

之其也智其也材其也勇如臣所知福建總兵朱先
曾擒剿於海上浙江總兵侯繼高曾克捷於花腦浪
港此二臣者倭情熟諳宜久任以責成功其叅遊等
官果能材稱職者照有司例必五年外始爲陞遷有
功者加秩加銜不得仍前驟轉而又行考課之法鼓
舞而激勸之合無行令督撫照依各邊事例每遇年
終將見任防守春冬二汛大小將官稽覈勤惰功罪
分別　上請庶人心知懲勸而勇氣自倍將見海徼
壯於金城尚有倭患之弗靖哉此乆任武職以防倭
機宜所當議者二一士卒雖微藉出死力決勝負於呼

吸頂至重也必平日孚以恩信始有事効其死綏故古善將兵者與士卒同甘苦欲得同仇力以資緩急用乃今蓄兵者異是將領惟事剋削有司但圖剋減月糧未散即扣常例於官甫及分領又斂公用於將計士卒所得實餉幾何甚有稽遲卒年或一季不給者致令脫巾譟呼大乖 國體即不譁亦多疾視平居旣已離心臨敵安有鬬志是必不勝之數也臣請勅沿海督撫嚴加約束有司毋扣常例稽糧餉將領毋假公用剋軍需違者必劾治而於養士之中又默寓倡率之術行伍中有投石超距藝勇絕倫者識拔

之優賞之以作其氣鼓其勇此輩亦有人心者必能奮勇先登以圖報効此作養士卒以禦倭機宜所當議者三臣按籌海圖編倭自五島開船必由陳錢下八山經過取水候風始分投登犯是陳錢乃倭奴之咽喉浙直之門戶也最爲要害若令浙直合兵哨守遇警併力堵截何患其侵入內地向因倭亂畫地分哨而總叅等官又憚風波之險不躬親督率致倭奴出沒罔聞殊屬疎虞近據蘇松兵備江鐸揭稱遊兵把總張瀾率大小戰船會合兩浙官兵直哨至陳錢羊山等島海波寧息此同心戮力之義勇功效明甚

臣請 勅浙直巡撫以後遇春冬汛期務令總叅等
官躬率官兵徃來督哨各會合於陳錢防守一遇倭
警即便併力相機截殺毋容內入悞事者以失機論
庶聲勢聯絡門戶固密如銅山寨烽火門入閩廣要
路倭亦不敢內窺此控扼要害以禦倭機宜所當議
者四臣聞行師之要在賞信罰必昔見禦倭者恐戰
有損傷用名色把總領兵應敵敗死則匿不以聞倖
勝則攘爲巳績士卒眞獲首級者不賞家丁坐食餼
廪者冒敘致于退縮緊從姑息未聞有立斬以狥者
如此賞不信罰不必何以使前喜而後懾也臣請

勑督撫諸臣一洗舊習以後用兵務令參遊等官親自督戰毋令名色代替其名色中真堪驅策者宜預請實授未戰之先明與將士約如何爲功功必賞如何爲罪罪必罰如能邀截爲功否則罪賞不以讎掩罰不以親宥其士卒斬獲一人者即照例賞銀若干一有退縮即斬以狥於師則賞罰嚴明將士皆爭先用命有必戰戰必勝也何倭亂之足慮此嚴明賞罰以禦倭機宜所當議者五臣爲此五議卑卑無奇畫而實於防倭有裨儻蒙 採納必能繫關白之頸而致闕下若夫繕城堡謹斥堠修戰艦利兵器備芻糧

則防禦所必資而當事諸臣類能言之無俟臣贅至於臨機應變因敵設奇則又身親行陣者之責非臣之愚所能逆料也伏望　皇上睿斷將臣所議五事互下該部酌議施行於防未必無小補而非其本也惟時　御朝講以肅臣民之仰　召問大臣以圖安攘之計蚤建　國本以係中外之望則精神流貫而內治既修德威遠播而外夷自服書曰無怠無荒四夷來王寧獨么麽島夷喙息之不暇即西鎮之變北連之虜亦將讋服削服而天下之治若泰山而四維之矣臣不勝惓惓屬望焉已上俱海防類考

宣諭琉球議

日本有銅無鐵且扶桑之疆盛德在木稱兵㭊木悖德不祥法應自斃若關白可鑒也剏三十六島六十七州五百一十八郡之醜類非盡皆敢行稱亂也關東諸州猶然自守倭佛戒殺官皆用僭獨關西九州恃劫爲活薩摩其最也今山城君久稱寄生而平秀奈亦復弱植家康脅奈而懷異圖家久托孤而賦同佻是東西尚相持于内而鋒刃豈暇及于外且其意顧惟貪漢財物卽嘉靖中浙直被兵皆内地奸民勾引之而羣不逞無賴借寇幸亂耳不得盡罪倭也罪

在戮辱琉球耳今琉球既不能自强而俛首于倭然
育之二百餘年而棄之一旦可乎班定遠固曰此輩
本非孝子順孫要在羈縻之使勿絕第令猶知内向
修貢則當乘其來而折其陰謀使倭之方物不得以
嘗試我且防其去而勵其奮志使中山之君臣猶知
所歸向我盍諭之曰聞爾國中于倭心甚惻然第
皇祖有訓海夷與中國皆隔山阻海但令僻處一隅
自保有不自量擾邊者但宜捕逐亦不得輕肆伐故
今即多兵不得輕發渡海但爾國受 天朝亘蓋之
日久即所賜三十六姓列文班者豈遂無忠勇智謀

士而輕以其國擲抑或漳泉亡命有爲之向導者乎有則改心易慮爾其側身戮力峭志自强如依期以土宜方物來仍許通貢互市以資生聚若陽示歸順陰寔通倭決不爾狥則既不拂其來貢之禮而又不墮其挾詐之謀琉球即弱小或因敗爲功轉弱爲强未可知也萬曆壬子福建武試策

海防纂要卷之五

海防纂要卷之六

黎陽王在晉明初甫纂

防倭標本說

中國之防倭有標有本有標之本有本之本何爲標標有四一曰容防汛我境逈臨夷甸望洋浩淼非風不能徑渡故大小汛期幕府檄諸佽飛蹶張以十數艘散列陳錢馬蹟等要害捍之外洋不令登陸是已而後海沿邊一帶設或載水隨潮艤舟泊岍不難衷甲而窺左足此不可不容偵蚤防也二曰嚴策應夫艎艋周巡以待小偷則可若艨艟巨艦截浪排雲我

艘仰之不見檣杪將蝗臂安施乎必豫備沙福滄唬等船分布各隘烽燧一舉衆艘麇集并力而犄角之蔑不濟矣三曰講戰陣倭不長水戰而長陸戰倭不長弓矛而長刀銃以吾所短攻其所長百不當一以吾所長攻其所短一可當十宜倣戚將軍所定水陣法先列火器次筤筅戈殳而率舟師如檣以進勢類率然倭技窮矣四曰嚴城守倭來海徼傖儴無賴不能久居至近城邑鹵金帛子女據有巢窟毒始蔓延苐有城邑處頓令清野拮据壘守集威遠神臂輣石璾車建瓴而下令不得近渠舍舟陸行㥊蠡易之纔

數日且枵腹困不鳥獸散乎凡此四者乘倭之來卒而禦之圖于有形故曰標何爲本本亦有四一曰精訓練集兵不難練兵難不諳坐作不習夷情不挾長技猶之驅市人戰耳居恒抽擇選鋒上者知司馬法次習夷情次驍勇善騎射擊刺以稱娖而訓厲之自伍長什自什長伯自伯長千以技陞陟敦陳璧旅龍驤麟振此兵將兩練之法也二曰修器械數年無事綠沉臥金鎖拋銃兒僨帥有挾矛鋋鎧砮飾櫜杙營樿梔者一旦有警咄嗟難辦能徒手搏乎宜時時查覈缺者補斜者修無故而缺斜者必問此攻守兩精

之法也三曰足糧餉兵餉足則居無宅營而技精臨陣宿飽而氣奮然募必有餉蝕于何所軍必有芚湮于何年稍于沿海曠地如舟山金堂大榭間田之侵于豪右荒爲既脫者籍而伍之無事則治錢鏄有事則修戈矛變斥鹵爲良畝化召募爲土著振罷敝爲精勇倭至即以材官羽林蹂踐之此兵餉兩足之法也四曰明賞罰令之海上汛哨非盡能捍禦夷也俟自去幸其不敗待自斃擒以爲功甚至有掠釣艇殺平民以邀利覬賞者上下支吾欺紿耳目謂宜官各有守士各有職以地之衝僻權勞逸以發之遲速第

殿最守而力最于攻訓之精最于戰輕則無稽時之賞重則有越次之擢而支吾欺誑者一切軍法從事無赦夫亦有奮心乎此勸懲兩濟之法也凡此四者倭來亦備不來亦備故曰本何爲標之本夫倭來而圖之抑末也試考倭何自而來記嘉靖初市有舶監夷夏相習競爭利賄上窮寵賂下因徭綱於是兇徒逸囚罷吏黠商譸張睥睨竄身倭奴而誘之爲難吳越之間自溫台以及松陽被其憯螫者十郡自此罷絕監市靜謐者數十年承平既久芽蘖萌生吳越奸民鬻田廬携親戚問渡扶桑析木之津徃則載貨揚

航以市海爲名歸則鎔金附身貿原舟而返甚至遠贅異類持獻圖略效中行翕侯之爲者倭素髡聞習冠蓋矣倭素跣赤聞習衣履矣倭舶樓櫓異制聞構華舟矣倭語喃嘍不可辨聞習華言矣以素相貿易之人即旅而行于吳越之閩何從別識曩寇在籓籬今在門庭矣不嚴爲禁漸不可長一切禁絕則富賈豪族變怪百出速禍釀釁當事者苦不得措置手足鞭長馬腹噬臍寧有及乎故寄防汛嚴策應講戰陣焚城守以外禦者標之標而謹譏察絕私市以內禦者標之本所宜亟講也何謂本之本夫所謂本者

在精訓練修器械足糧餉明賞罰而大要則又以收人心爲本乃浙之人心何如也蓋嘗泛錢塘登秦稽見崗崿之綢亘波濤之激射檣輪之環絡魚鹽葸秆之饒給信寓內一大都會而職方氏所謂東南半壁者也轂擊肩摩雲衽雨汗徙業餬口至者如市而恣睢狂猘徃徃窟穴其中不耕不蠶鮮衣怒馬舞智簧鼓喜訟好爭以宮府爲鼎俎而已挾匙匕以閭閻爲魚肉而已持刀杌聚羽析軸叢指撓錐有司漸失其權百姓莫必其命且也征賦日繁旱澇爲災蚩蚩氓隸憂貧而不憂罪懼死而不懼刑博塞呼盧倒橐擲

鬻而且倡盜竿膏髭靚粧倚門招搖而且匿盜藪披緇髡髮持盂句齋而且挾盜器篙工柁師野渡津頭而且恣盜行煮海貨鹺憑山鑄冶而且集盜羣稷下梁園堯服禹步而且公然爲盜主此曹越志思亂命曰不牧之民鯨波一搖斬木揭竿而應者如水赴壑曩寇在門庭今在腹心矣若不蚤爲之所恐猛敵橫發於不虞而倭夷接軫也誠能飭紀綱申教化勤撫綏刀劍易以牛犢萑苻習以鄒魯使人心喁喁歸命於我愉佛相通吸呼相應嚮所稱說者皆可次第而舉矣故日本之本也圖其標一歲之計圖其本百歲

之計圖其標之本與本之本則萬世之計以南防倭可以北防虜可即以治兵治民治河治賦無不可者儻慮外而不慮內狃於情之可安嬉笑幾幸及事勢傾敗坐視而莫之救藥是庸醫不知緩急而標本皆誤者也　萬曆壬子浙江武試策

兵器說

歐陽脩言于仁宗曰諸路州軍分造器械工作之際尸勞民力輦用般造又苦道途然而鐵刃不剛筋膠不固長短大小多不中度造作之所但務充數而速了不計所用之不堪經歷官司又無檢責此有器械

之虛名而無器械之實用也以草草之法教老怯之兵執鈍折不堪之器百戰百敗理在不疑臨事而悔何可及乎

神宗時有臣僚上言曰方今外禦兩邊之患內虞盜賊之變而天下歲課弓弩甲冑之類入充武庫之積以千萬數乃無一堅好精利實可以爲武備者臣嘗觀諸州作院有兵匠乏少而拘市人以備役所作之器但形質具而已矣武庫吏亦惟計其多寡之數藏之未有責其實用者故所積雖多大抵敝惡爲政如此而欲抗威決勝外懾夷狄之强獷內沮姦宄之竊

發未見其可臣私計其便莫若更制法度斂數州之作而聚以爲一處每監擇知工事之臣使專于其職且募天下之良工散爲匠師而朝廷內置工官以總制其事察其精窳而賞罰之則人人務勝不加責而皆精矣

直稱工欲善其事必先利其器蓋士卒猶工也械猶器也器利而工善兵精而事彊勢則然矣故曰兵不精利與空手同甲不堅密與袒裼同弩不及遠與短兵同射不能中與無矢同中不能入與無鏃同闘而不勇與無手同其法五不當一然則五兵者三軍所

恃而爲勇也可不謹乎

王鳴鶴曰周禮有六弓曰王弓弧弓夾弓庾弓唐弓弓之良者名烏號繁弱其制今不可考武經總要所載黃樺弓黑漆弓白樺弓麻背弓其名雖異其實則同今開元弓其制强大耐久九邊將士多用之最稱利器若腹裏稱良者北京有槽稍槽壩大稍小稍皆有可稱者其弦甚短口緊而背曲挽之易滿雖不善射者亦無彈袖之病河南有陳州弓南京揚州有小稍弓皆窄面短身天少熱則多滚失緩急難恃不得已而有合竹弓之制以漆漆之取其陰雨不解暑天

不走可備南方水戰之用但無反性發矢不能出百步之外廣東廣西有生漆下面之弓風雨不畏走滚亦少其身極圓細力苦不大射亦不遠夫器之利也因地因時難以執一至於戰陣之用非軟弓不能古云軟弓長箭快馬輕刀此四事非久閑戰陣者不能得其趣至於持硬弓而號稱勇力者此不過將官套子至於臨敵非持滿不能中非久持對定不能中其所欲中之處彼硬弓方得滿即欲發矢安能久持而得其巧若果力大而又能久持此又上之上者也或曰射者意中也突然而發使敵莫測何用久持鶴曰

此乃射疎遠小敵及飛禽走獸之説也先誠其意而箭隨意發所謂得手應心之妙至於臨大敵千百爲羣非持滿以待而勢不威猛所謂勢如彍弩捷若發機全在勢險節短上做工夫故能使敵不敢犯此弓貴乆持而乆持貴弓軟也所謂軟者謂力可致弓而不爲弓所致非盡謂人人皆宜用軟弓也

俞盱江云長鎗後手要粗可盈把庶有力若細則掌把不壯鎗腰要從根漸漸細至頭如止如腰粗則硬強不可拏腰細則軟而無力雖手法之妙不能拏捉他鎗開去也鎗稍不可輙細要自後漸細方有力最

忌太重重則頭沉不可舉動鎗頭重不可過兩其桿稠木第合木輕而稍軟次之要劈開者佳鋸開者紋斜易折攢竹腰軟不可用

筤筅用浙東毛竹必獵戶能使製筅之法用毛竹長而多當者末銳包鐵如小鎗兩傍多留長刺其刺每雙用火熨之一直一鈎其直者如戟鈎者如矛然後以熟桐油灌之敷以毒藥鋒利難犯已上俱登壇必究

戚南塘云筤筅之爲器也形體重滯轉移艱難非若他技之出入便捷似非利器也殊不知乃行伍之藩籬一軍之門戶如人之居室未有門戶扃鏈而盜賊

能入者故凡用筤筅須要節密枝堅杪加利刄要擇力大之人能以勝此者勿爲物之所使夫然後以牌盾蔽其前以長鎗夾其左右舉動疾齊必須釵鈀大刀接翼然筅能禦而不能殺非有諸色利器相資鮮克有濟兵中所以必於用此者緣士心臨敵動怯他器單薄人膽揺奪雖平日十分精習便多張皇失錯忘其故態惟筅則枝稍繁盛遮蔽一身眼前可恃足以壯膽助氣庶人可站定若精兵風雨之勢則此器爲重贅之物矣

干古有圓長二色其來尚矣主衛而不主刺國初木

加以革重而不利步以藤爲牌近出福建銃子雖不能革而矢石鎗刀皆可蔽所以代甲冑之用在南方田塍泥雨中頗稱極便其體須輕堅奮務使遮蔽一身上下四旁無所不備用牌之間復有所謂標者所以奪人之目而爲我之疑兵所賴以勝人者也牌無標能禦而不能殺將欲進步然後起標勿輕發以敗其事腰刀用於發標之後以殺敵非長利輕泛則不能接遠其習牌之人又須膽勇氣力輕足便捷少年然後可授之以此置於行伍之先爲衆人之藩蔽衛以長短之器爲彼之應援以之臨敵其衆可合而不

可離可用而不可疲進退左右無所不利此藤牌之功用也

夫長器必短用何則長鎗架手易老若不知短用之法一發不中或中不在要緊處被他短兵一入收退不及便爲長所誤即與赤手同矣須是兼身步齊進其单手一鎗此謂之孤注此楊家鎗之弊也學者爲所誤甚多其短用法須手步俱要合一一發不中緩則用步法退出急則用手法縮出鎗捍彼器不得交在我鎗身内彼自不敢輕進我手中鎗就退至一尺餘尚有戳人與短兵功用同此用長以短之秘也

至若弓箭火器皆長兵也力可至百步者五十步而後發力可至五十步者二十五步而後發此亦長兵短用之法也長則謂之勢險短則謂之節短萬殊一理

夫釵鈀棍鎗偃月刀鈎鐮皆短兵也何則彼之鎗一丈七八尺我之器不過七八尺若如浙江釵鈀之法俱手握在頭下其手外頭柄通不及二尺長一棍不過六七尺又欲兩頭雙使而兩手握開所剩棍頭不過尺餘彼之長鎗閃閃而進疾如流星我就精熟只能格得彼鎗不中入我身耳及其我欲進則彼原進

我叙內不深一縮又復在外我不得撥定彼鎗使無反手如何敢進如此終日我無勝理短兵利在速進終難接長持久即為所乘必如總戎公俞虛江之法則所執叙棍鉤鈀皆有六七尺在外彼若以長入我必須進深五尺被我一格打歪即用棍內遶打之法下下着在長兵上流水點戳而進彼先進我五尺我一進又有五尺是得一丈之勢矣被我連打勢不得起欲抽脫去豈能便抽一丈一入長兵之內則惟我短兵縱橫長兵如赤手同矣藤牌腰刀本短中之短也而必用標鎗亦即短兵長用之法也夫藤牌用標

非取以殺人蓋彼以鎗器持定我牌無故不得進故用標一擲彼以顧標而動我則乘勢而入彼若不爲標所動則必爲標所傷我亦有隙可入短兵長用之法千古奇秘匪欺人也已上俱紀効新書

火器說

葉公夢熊曰塞上火器之大者莫過於大將軍薊鎮一年止放一次以其勢大人不敢放也銃身一百五十斤以一千斤銅母裝發如佛朗機樣余熟思之改銃身爲二百五十斤其長三倍之得六尺不用銅母徑置滚車上發之可及八百弓內大鉛彈七斤爲公

彈次者三斤爲子彈又次者一斤爲孫彈三錢二錢
者二百爲羣孫彈名之曰公領孫尚以鐵磁片用班
毛毒藥煑過者佐之共重二十斤此一發勢如霹靂
可傷人馬數百若沿邊以千萬架而習熟之處處皆
置人人能放則所向無敵真火器絶技也初疑其重
今運以車登高涉遠夷險皆宜余製成每日幾次試
之見者莫不膽寒夫　祖宗出塞專恃神銃爲破虜
先鋒天順六年造兵車一千二百輛各有載大銅銃
車成化元年造各樣大將軍三百節載砲車五百輛
大約與余意合蓋善用中國之長以制虜此上策也

觀　大明會典神鎗神銃俱內府兵仗局掌管其慎重如此知　祖宗所以逐胡元則知今日之所以爲戰守矣

葉公夢熊曰車戰古今詳言之矣用之皆有成效歷歷可考間亦有稱不便者謂其重滯窒礙難行也不必遠引即丘文莊李文達馬端肅許襄毅每能言之而未身試成化年間工部造之名爲小車而一輛拽之用十八人宣大造之用十人薊鎮見存曰偏廂曰飛車非十五人不能駕竟未得古人良法美意自古謂之馳車謂之輕車突騎謂之輿兵十萬用輕車二

千皆越險數千里而轉戰者也安得以重滯爲病哉余近日以意造之雙輪前向遮板稍後上列刀鎗六把佛狼機二面火箭三層新製手上百子銃二面輪輕着地若有自行之勢假二人推之如飛翼以新製鐵拒馬竹挨牌砍馬刀馬見之驚恐奔潰不敢回顧平地二人可推遇險四人可舉共可遮蔽二十五人爲一隊隊馬五匹稍倣古法合一萬人而爲一軍見在各營舊車存之以備運餉抽其軍之壯健者以駕輕車其竹挨牌與百子銃鐵拒馬須用南兵方可敏捷每車一輛并銃砲器具價銀五兩夫造之如法不

惜其費練之如法必極其精余願以三年之功得精兵一萬少効制虜安邊之策也

造錫鉛銃者須知煉鐵蓋鐵中原有查滓夾雜須煆煉不已融盡查滓底於精純方免脆折爆碎之患故十斤而煉用一斤者爲上十斤而煉三斤者次之其管欲員而淨其梟欲端而直司銃者須擇手足便捷之人臨敵裝藥入彈覘梟焚火麽不遲悞若但見梟而不見管則失之仰但見管而不見梟則失之俯皆不能中也此器令人類竝立而用之遠攻非也須近敵乃用長短兵相夾乘勢速進使賊避銃目睫閃眩

之間而我兵已入其隊中矣鉛錫銃之妙全在此也
都御史唐公順之云虜所最畏於中國者火器也天
助 聖明除兇滅虜而佛狼機子母砲快鎗鳥嘴銃
皆出嘉靖間鳥嘴銃最後出而最猛利以鍊鐵爲管
木壳承之中貯鉛彈所擊人馬洞穿其點放之法一
如弩牙發機兩手握管手不動而藥線已燃其管背
施雌雄二臬以目對臬以臬對所欲擊之人三相直
而後發擬人眉鼻無不着者捷於神鎗而準於快人
技至此而極是倭夷用以肆機巧中國習之者也
戚公繼光云鳥銃之准在於腹長而直火藥之[illegible]

手在於前手拏在銃腹點放之直在於兩手俱托執銃身而無點火之誤鉛子之利在於合藥之方其神機銃用木馬繁而多誤勢難再發邊銃手執後尾其重在前一手點火眼不能照皆不及此銃之妙而速也

一行營之内鳥銃雖速准而力小難禦大隊難守險阻難張威武佛狼機又大重難於扛隨今以臆創一器名爲賽貢銃既無下木馬延遲之艱又不坐後其鉛子猶勝佛狼機之大其聲勢可比發貢其速卽可比鳥銃每五百人之中用以五六門以備守路截險

甚妙
火箭夫火箭亦水陸利器其功不在鳥銃下但造者無法放者無法人鮮知此器之利也大端造法有二或造成用鑽鑽線眼或用鐵捍打成自然線眼但鑽者不如打成者妙鑽易而打成費手故匠人多不肯用打成之法其肯綮全係於線眼眼正則出之直不正則出必斜眼太深則後門泄火眼太淺則出而無力定要落地每箇以五寸長言之眼須四寸深捍要直而去頸二寸稱平翎要勁翎長而高稍筒用礫紙間以油紙夏不走硝可留二年此物最不耐久收也

叅將俟國弼云鳥銃所發止於一彈所中止於一人中則傷人不中則無所傷矣一窩蜂一發百彈漫空散去豈無中傷者乎其力量眞可以爲佛狼機之亞但佛狼機器重難帶一窩蜂輕於鳥銃以皮條綴之一人可佩而行戰時以小鐵足駕地昂其首三四寸蜂尾另用一小木樁釘地止之誠行營之利器也若欲爲坐營之用則以木床載於營門床身左右各置二輪以便進退可以爲守營之寶

丹陽邵守德云以生鐵鑄成實藥斗許檀木砧砧至底砧內空心裝藥線一條撑寇必由之地掘地作坑

連連數十埋地雷於坑中内用小竹筒通藥線土掩如舊機關藏火賊不知而踏動則地雷從下震起火焰冲天鐵塊如飛蝗着人卽死乃孔明之秘器也

戰船說

凡水戰以船艦大小爲等勝人多少皆以米爲準一人不過重米二石帆檣輕便爲上以金鼓旗幡爲進退之節其戰則有樓船鬭艦走舸海鶻其潛襲則有蒙衝遊艇其器則有拍竿爲其用利順流以擊之諸軍視大將軍之旗旗前亞聞鼓進則旗立聞金則止旗偃則還若先鋒遊奕等船爲賊所圍以須外援則

視大將赤旗向賊點則進每點一船進旗前亞不舉則戰船徐退旗向内點每點一船退若張疑兵則於浦泥廣設旌旗帆檣以惑之此其大畧也武經總要

遊艇

遊艇者無女墻舷上槳牀左右隨艇子大小長短四尺一牀計會進止回軍轉陣其疾如風虞候用之夫拍竿者施于大艦之上每艦作五層樓高百尺置六拍竿竝高五十尺戰士八百人旗幟加於上每迎戰敵船若逼則發拍竿當者船舫皆碎隋高祖命楊素伐陳自信州下峽造大艦名五牙艦上起樓五層高

百餘尺左右前後置六拍竿並高五十尺容戰士八百人旗幟加於上次曰黃龍置兵五百人自餘平乘舴艋等各有差軍下至荊門陳將呂仲肅於州以艦拒素素令巴乘五牙四艤逆戰船近以拍竿碎陳十餘艦奪江路

蒙衝

蒙衝者以生牛革蒙戰船背左右開掣棹空矢石不能敗前後左右有弩窗矛穴敵近則施放不用大船務在捷速乘人之不備

樓船

樓船者船上建樓三重列女墻戰格樹旛幟開弩窻矛穴外使氈革禦火置砲擂石鐵汁狀如小壘其長者步可以奔車馳馬若遇暴風則人力不能制不甚便於用然施之水軍不可以不備以張形勢也

一 走舸

走舸者船舷上立女墻棹夫多戰卒皆選勇力精鋭者充之往返如飛鷗乘人之所不及金鼓旌旗在上

一 鬭艦

鬭艦者船舷上設女墻可蔽半身墻下開棹空（音孔）船内五尺又建棚與女墻齊棚上又建女墻重列戰士

上無覆背前後左右竪牙旗金鼓晉謀伐吴詔王濬修戰艦乃作大舟連舫一百二十步受二千人以木爲城起樓櫓開四門其上皆得馳馬畫鷁首怪獸以懼江神

海鶻

海鶻者船形頭低尾高前大後小如鶻之形舷上左右置浮板形如鶻翼翅助其船雖風濤怒漲而無側傾覆背左右以生牛皮爲城牙旗金鼓如常法已上係古制圖式不載以下船式備載籌海圖編及海防類考

廣船視福船尤大其堅緻亦遠過之蓋廣船乃鐵力木所造福船不過松杉之類而已二船在海若相衝擊福船即碎不能當鐵力之堅也倭夷造船亦用松

杉之類不敢與廣船相衝但廣船難調不如調福船爲便易廣船若壞須用鐵力木修理難乎其繼且其制下窄上寬狀若兩翼在裏海則穩在外洋則動摇此廣船之利弊也廣東大戰艦用火器於浪漕中起伏蕩漾未必能中賊即便中矣亦無幾何但可假此以褫敵人之心膽耳所恃者有二發鐼佛郎機是惟不中中則無船不粉一也以火毬之類于船頭相遇之時從高擲下火發而賊舟即焚二也大福船亦然廣船用鐵力木造船之費加倍福船而其耐久亦過之蓋福船俱松杉木蝵虫易食常要燒洗過八九汛

後難堪風濤矣廣船木堅蝵虫縱食之亦難壞也福船高大如樓可容百人其底尖其上濶其首昂而口張其尾高聳設樓三重于上其傍皆護板護以茅竹堅立如垣其帆桅二道中爲四層最下一層不可居惟實土石以防輕飄之患第二層乃兵士寢息之所地櫃隱之須從上躡梯而下第三層左右各設水門中置水櫃乃揚帆炊爨之處也其前後各設木椗繫以棕纜下椗起椗皆於此層用力最上一層如露臺須從第三層穴梯而上兩傍板翼如欄人倚之以攻敵矢石火砲皆俯瞰而發敵舟小者相遇卽犁沉

之而敵又難於仰攻誠海戰之利器也但能行于順風順潮回翔不便亦不能逼岈而泊須假哨船接渡而後可

先任南塘戚公繼光云福船高大如城非人力可驅全仗風勢倭船自來矮小如我之小蒼船故福船乘風下壓如車碾螳螂鬬船力而不鬬人力是以每每取勝設使賊船亦如我福船大則吾未見必濟之策也但喫水一丈一二尺惟利大洋不然多膠於淺無風不可使是以賊舟一入裏海沿淺而行則福舟爲無用矣故又有海滄之設

按福建船有六號一號二號俱名福船三號哨船四號冬船五號鳥船六號快船福船勢力雄大便於衝犁哨船冬船便於攻戰追擊鳥船快船能狎風濤便於哨探或撈首級大小兼用俱不可廢船制至福建備矣惟近時過於節省兵船修造估價太廉求其不板薄釘稀不可得也欲船之堅須加工料可也已上俱籌海圖編

福船之小者爲草撇船今名哨船又爲海滄船今名冬船其再小者爲蒼山船卑隘于廣福船而濶于沙船用之衝敵頗便溫人呼爲蒼山鐵賊船入裏海我

大福海滄不能入必用蒼船追之又可撈取首級近
又改蒼山船制爲艟𦨴船比蒼船稍大比海滄較小
而無立壁得其中制艟𦨴之稍次者爲鐵頭船首尾
皆潤帆櫓並用深淺俱便人呼爲鐵頭以其堅而有
用也閩人將草撇蒼船改造鳥船式如草撇兩傍有
櫓六枝尾後催稍櫓二枝不畏風濤行使便捷往來
南北海洋福草蒼繒等船無出其右温州有繒艚船
亦不如鳥船之疾速可與沙唬船並駕焉唬船頭尖
艄銳艙潤槳多風順揚帆風息盪槳喫水惟止三尺
慣走遠洋體式低小雖無衝犂之勢進退殊捷可備

追逐之需閩浙有叭喇唬船兵夫坐向後而棹槳其疾如飛有風竪桅用布帆槳斜向後准作偏柁亦能破浪甚便追逐哨探倭號曰軏帆蓋懼之也輪船式如唬船而與唬船並速開浪船式如鳥船而比鳥船差小沙船造于崇明可以接戰但上無壅蔽火器矢石何以禦之不如鷹船傍皆猫竹板密釘竹間設窻可出鋭箭窻之内船之外隱人以盪槳先用此衝敵入賊隊中賊技不能却沙船隨後而進短兵相接戰無不勝矣鷹船沙船乃相須爲用者也

兵船之能任重者爲蜈蚣船東南夷用以駕佛郎機

銃銃重千斤小者亦百五十斤葛稚川曰蜈蚣之氣
能逼蛇夷之制義爲是故與
𣪍哨船爲温州捕魚船網梭船乃魚船之最小者魚
船于諸船中制至小材至簡工至約而其用爲至重
以之出海每載三人一人執布帆一人執槳一人執
鳥嘴銃布帆輕捷無墊没之虞易進易退隨波上下
敵船瞭望所不及是以近年賴之取勝擒賊者多其
力焉王在晋類述
按大學衍義補有兩頭船之説蓋爲海運爲船巨遇
風懼難旋轉兩頭製舵遇東風則西馳遇南風則北

馳海道諸船無逾其利蓋武備不嫌於多慮患不妨於遠莫爲之前猶將求之而况設之前者有未泯乎以此衝敵則賊舟雖整可亂也

水戰非鄉兵所慣乃沙民所宜蓋沙民生長海濱習知水性出入風濤如履平地在直隸太倉崇明嘉定有之但沙船僅可於各港協守小洋出哨若欲出赴馬蹟陳錢等山必須用福蒼及廣東鳥尾等船

沙船能調戧使鬭風然惟便於北洋而不便於南洋北洋淺南洋深也沙船底平不能破深水之大浪也北洋有滚塗浪福船蒼山船底尖最畏此浪沙船却

不畏此北洋可拋鐵猫南洋水深惟可下木椗閩縣知縣仇俊卿云地有南北時有冬夏自春徂夏則時多南風而利于北行自秋徂冬則時多北風而利于南行此番泊往來出没之候也彼瞰其時輙乘風連雲以出洋我當其衝欲逆濤破浪以邀擊未必其勢之便也蓋亦隨時以應之時乎北風必先於北道之防以遏其衝而以南舟曳于後其中間各寨澳之舟又從旁遮出而擊之時乎南風亦如前法或遏于前或躡于後或擊于旁此亦迭肆之法長蛇之勢寇未有不困疲而就縛者海上可立京觀也

國初置沿海衛所每所船五隻每船軍百名其法備載　會典自一所一衛推之則合省之海船海軍可總其實也使法之常存何慮海寇之擾向來修復一二止可用于哨報難以衝敵及其事急借發福清鹽船併報各澳民船奈彼不思　國家之急皆存繫吝之私雖給價值終不直前況福清鹽船雖大不可以當海寇之夾板船叭喇船漳州之草撇樂清之大鐵等船又不可以當海寇之鳥尾尖艚如東仔銅茭等船又不及也昔日海戰之船大小制度不同今當兼用如樓艙艨衝此船之大者也如直進露撓此船之

中者也又如舴艋海鰍此船之小者也以船之大者爲中軍座船而當其衝以船之中者爲左右翼而分其陣以船之小者繞出于前後兩旁之間隨船器械各須犀利完足但海寇所恃全在于銃吾亦以銃爲應中軍大船仍用佛郎機大銃數架兩翼中船亦用銅將軍大銃數十架其小船亦載鳥銃鉛筒數十架各船編定字號晝則麾旗夜則振鼓爲節迭出更進則彼此衆寡勞佚之勢不同未有不殲此渠醜者也今蒙委官鳩工大造船隻戰船之造必有定議但船之外旁又須護以牛革漁網氈絮之類其大者更用

列木爲栅可避砲石又有車船之製今戰士前後踏輪舟自進退所謂中流上下回轉如飛虜衆相顧駭愕者用此法也又須預募能射與善浮之人一遇番船或以火箭焚之或以水鑽溺之是或皆可用也總兵俞公大猷云或問兵船官造與私募孰便曰造易而修難也雖督造之官用之海上衝敵激浪不旋踵必議修矣修船之弊奚啻萬端議修之後閣（原字：閣）岍日多浮水日少以之守港則可以之出洋追捕則全不足恃矣在官府不能立無弊之法在民間不能克不可制之情天下古今豈有視官物爲巳物者哉此惟

熟於海務者自知之烏得而盡言或曰民間安有許多私船可募乎曰厚之以稅使逐利之民爭造新船以應募何患其不多責府縣以及時給稅責船戶以及時修整則經年累月皆有堅船可用然則用官造之船以守港用私募之船以追捕則如何曰必若是然後攻守各適其用也

鄧鍾曰閩廣浙直船制各異而不知其所以異者於海勢之不同也廣東船制兩旁設架便於搖櫓福建船制其旁如垣其篷用捲便於使風浙直船制平底布帆便於盪槳此船制之異也所由然者福建海水

最深各信地俱近外洋一望無際縱有海島如浮漚之着水耳故有風時多無風時少順則使風逆則戧風此福船所由製也廣東自出五虎門上及大鵬下及北津以西俱有海嶼或斷或續聯絡於外商船來往多從裏海且風氣和柔全仗搖櫓此廣船所由製也浙直海水深處固多淺處時有近岍平沙或數十里潮長水深尋丈潮退僅可尺許故叭喇唬沙船專事盪槳此浙直之船所由製也若易地則風水不同其制亦當少異推此而山東以北危磯暗沙往往有之船制又不可執此例彼矣然欲攻大敵於外洋非

福船不可蓋福船之制其蜂房垣墻即古之樓船巨艦其重底堅牢卽今之過洋與使琉球船式也故諸省船制惟福建爲工

又按海上之戰不過以大船勝小船大銃勝小銃多船勝寡船多銃勝寡銃此中國之長技也故論戰則陸戰難水戰易然論兵則陸兵易水兵難而海將尤難者風濤難狎此善水戰者之難其人也

附水戰

吳楚揚越之間俗習水戰故吳人以舟楫爲輿馬以巨海爲平道是其所長春秋時吳以舟師伐楚又越

軍吳軍舟戰於江伍子胥對闔閭以船軍之教比陸軍之法大翼者當陸軍之車小翼者當輕車突冒者當衝車樓船者當行樓車橋船者當輕足驃騎大翼以下皆船名公輸般自魯之楚爲舟戰之具爲之鈎拒退則鈎之進則拒之

漢武伐南越於昆明開池習水戰製樓船上建櫓樓戈矛船下置戈戟以禦蛟鼉水怪之害然樓船戰艦形制之盛不若輕疾之爲利張兵威蓄器械以樓船大艦爲先趨便利立功效則走舸海鶻爲其用或伏襲而入敵境則凡舟皆可用也故呂蒙襲關羽白衣

檣櫓作商賈服羽不聞遂立功焉

車戰

王鳴鶴曰書言戎車三百詩言戎車旣安而革輅戎輅與夫六等之數周禮及考工記載之甚詳無非所以衛卒伍備戰陣者也三代而後鄭用之以禦北戎晉用之以制羣狄衛青以武剛擊匈奴馬隆以偏箱平凉州及至馬燧吳淑李綱魏勝輩用以威服戎虜爲萬全之策所謂步不能勝騎騎不能勝車此車戰之利其來尚矣然大都宜於平原夷曠之地行則藉以齎載止則繫以爲營使敵人不得千里長驅其勢

誠便若地居險隘是坐困之道也故曰死地有十勝勢有八用車者其可不致審于斯哉至若東南形勢大而山谿之阨塞小而溝塍之分界即有車無所用之而況島夷肆傷趫悍慓疾雲合鳥散非步騎之精銳者不足以挫其鋒刃故易野車爲主險野人爲主此南北之勢異也

兵法曰用車之法五車有一長十車有一吏五十車有一卒百車有一將易戰之法五車爲列前後相去四十步左右十步隊間六十步險戰之法車必循道十車爲一聚二十車爲一屯前後相去二十步左右

六步隊間三十六步五車一長縱横相去一里易戰之法一車當步卒八十人八十人當一車一車當十騎十騎當一車車騎者軍之武兵也故十乘敗千人百乘亂萬人用車之道險濕則停陽燥則起貴高賤下馳其要害運其糧草若進若止必從其道敵人若起必逐其迹其士須選少壯蹻倢走追奔馬及馳而乘之則前後左右上下周旋能縛束車旗力可引其八石能射前後左右便習者名武車之士養之不可以不厚也然用車之道太公曰死地有十勝勢有八不可不審察也可往而無以還者車之死地越絶險

阻乘敵遠行者車之竭地前易後險者車之困地陷之險阻出而無以返者車之絕地下漸澤黑土粘埴者車之勞地左險右易上陵仰阪者車之逆地殷草橫畝犯歷深澤者車之拂地車少地易與步不敵者車之敗地後有溝瀆左有深水右有峻阪者車之壞地日夜霖雨旬日不止道潰地陷前不能進後不能解車之陷地此十者車之死地拙將之所以見擒明將之所以見避八勝者敵之前後行陣未定即陷之旌旗擾亂人馬數動即陷之士卒或前或後或坐或起即陷之陣堅不固士卒前後相離即陷之前往而

疑後往而怯卽陷之三軍卒驚皆薄而起卽陷之戰於易地暮不能解卽陷之遠行而暮舍三軍恐懼卽陷之此八者車之勝勢也將明於十害八勝敵莫之禦也至若胡騎剽輕以安車制之適當其理河朔坦平以車騎行之正得其便前賢著說皆可推用故謂以車禦侮以騎逐利行有所恃止有所息居則不可犯動則不可失機此用車之利也

攻城法 賊縣避於城用此法攻之

用兵之法全國爲上破國次之全卒爲上破卒次之皆謂用謀以降敵必不得已始修車櫓具器械三月

而後成踊土距堙又三月而後巳恐傷人之甚也故曰攻城爲下然攻亦有道必審彼彊弱量我衆寡或攻而不圍或圍而不攻知此則能勝矣攻之者大要攻其所不守與其必救故城有宜急而取之者有宜緩而克之者若彼我勢均外有彊援慮腹背之患須急攻之以速其利如我彊彼弱外無寇援力足以制者當羈縻守之以待其敝是謂不以兵攻以計困之令其自拔令其自毀若城堅兵衆欲留我師外援且至則表裏受敵拔之未足爲利不拔足以挫威若是將有不勝其忿而蟻附之士卒被傷城終不拔乃攻

之災此所謂不審彼之彊弱者也法曰十則圍之五則攻之兵少則不可以圍環而鬭之離而合之此所謂量我之衆寡者也又城有所必攻者有所不攻者故兵向城必先使諜者求知城中之糧數計人爲費糧多而人少則攻而勿圍糧少而人多則圍而勿攻此所謂或攻或圍者凡欲攻城備攻具然後行之得主地然後臨之趨其所救謂攻其軍主之所在絶其所恃謂斷其糧道而守其歸路使外交不得相救也圍兵必去城三百步外則弓矢不及姦僞不通賊出突圍勢力巳困欲攻其一面則四面撓之使敵不知

所備此兵謀也不發掘墳墓不殺老幼婦女不焚廬舍不汚井竈不毁神祠佛像恐怒敵也破城鼓聲未絕不許散俘虜散俘虜須限以時及時擊鼓三通軍人便須歸營若捉獲婦女者三日外不許留置在營此軍禮也得賊城堡非有要害可恃者不分兵鎮守得賊城近境者則固守以積糧備薪芻守備之物所以免轉輸之勞也

銷盜

秦觀曰自古盜之所以興皆出於仍歲水旱賦斂橫出徭役數發故愚民爲盜弄兵於山海險阻之間以

爲假息之計所可深慮者其間有豪俊而已何則人之豪俊猶馬之有驥犬之有盧雖上觀下獲一日千里而縱踶齧之變亦可畏也昔周亞夫得劇孟喜曰吳楚舉大事而不求劇孟吾知其無能爲也天下騷動大將得之隱如一敵國云唐縱朱克融北還盧龍未幾軍亂遂復失河朔夫孟克融皆匹夫耳而得失去就之間繫吳楚之成敗爲河朔之存亡以此言之盜賊之間而有豪傑豈不爲可深慮也哉臣以爲銷亡大盜之術莫大乎籠取天下之豪俊天下豪俊爲我籠取則彼卒校鼠輩雖有千百爲羣不足以置齒

牙之間矣國家取人之制其選高者惟制策進士夫豪俊之士固有文武縱横之才間無不可者惟膂少文獨可以任之大事者使天下豪傑皆文武縱横之才二科足以取之若椎膂少文之人則不可得而取之矣是制策進士所得之外不能無遺材也已上俱登壇必究

被圍

我師爲敵所圍可以力守者三外有援兵一可守也人士勁勇芻粟豐備二可守也城池完固民人富庶三可守也可以决戰者三外無援兵一可戰也人勁

馬壯甲兵堅利備畜不備二可戰也城池不完士民窮匱三可戰也守可以必守戰可以卽戰何謂必守許洞曰盡我力焉援之不到俟敵困懈出奇以戰如光武昆陽水上鼓躁而出如田單卽墨火牛之類是也何謂卽戰許洞曰旣圍卽戰謀未備也圍久則困一作用焉被圍之師不可出者二敵無故開圍一角者有伏也退圍數里者謀也示以老弱者誘也可以急備者二敵攻其西謹備其東四面皆如之敵示以閑暇者此必緩我而欲求懈隙將衝突也夫被圍者當先安內而後及其外可也虎鈐經

奇伏

夫奇兵者正兵之變也伏兵者奇兵之別也奇非正則無所恃正非奇則不能取勝故不虞以擊則謂之奇兵匿形而發則謂之伏兵其實一也歷觀前志連百萬之師兩敵相向列陣以戰而不用奇者未有不敗亡也故兵不奇則不勝凡陣者所以爲兵出入之計而制勝者常在奇也韓信破趙奇而有正也苻堅敗于晉正而無奇也項籍善用兵者也烏江所存惟二十八騎猶分奇正況其衆多者也兵法曰凡布大陣常以十分之三爲奇伏設有萬人則一千五百爲兩奇一千五百爲兩伏奇兵如手伏兵如足正陣如

身三者合爲一體迭相救援戰則互爲進退循環而無已故兵法曰兵以正合以奇勝善出奇者無窮如天地不竭如江河奇正相生如循環之無端此言奇亦爲正正亦爲奇處則合而爲正出則散而爲奇乘敵之不意以擊之之謂也至其出入詭道馳騁詐力則勢有萬變故兵法曰能而示之不能用而示之不用近而示之遠遠而示之近利而誘之亂而取之實而備之彊而避之怒而撓之卑而驕之佚而勞之親而離之飽而饑之安而動之攻其無備出其不意此兵法之所以爲神也所謂能而示之不能者匈奴羸

師以誘漢祖圍於白登是也所謂用而示之不用者李牧按兵雲中大敗林胡是也所謂遠而示之近者韓信陳船臨晉而渡夏陽是也所謂近而示之遠者晉侯伐虢假道于虞是也所謂利而誘之者赤眉委輜重而餌鄧洪是也所謂亂而取之者李靖乘輕舟而破蕭銑是也所謂實而備之者關羽討襄樊多留兵備公安南郡是也所謂彊而避之者隨季良無與楚君遇是也所謂怒而撓之者漢兵擊曹無咎於汜水是也所謂卑而驕之者石勒奉戴王浚是也所謂佚而勞之者吳子亟肄以疲楚軍是也所謂親而離

之者漢王慢楚使而疑范增是也所謂飽而饑之者晉文困諸葛延而拔壽春是也所謂安而動之者齊軍走大梁而退魏師是也所謂攻其無備者制人以不虞而敗南燕是也所謂出其不意者鄧艾由邪徑而趨劍閣是也此十有六者皆前世已然之效也亦有因地形以爲變者法曰師行已近敵境者大將必謹視山川原隰之形必預討之爲伏兵之地大率溪谷險阻者所以止禦車騎也隘塞深林者所以用少擊衆也拗澤窈冥者所以匿其形也疾如流矢擊若發機者所以破精微也詭伏遠引者所以擒敵將也

四分五裂者所以擊圓破方也因其驚駭者所以用一擊倍也因其恐懼疲倦者所以用十擊百也隘途深草者所以伏藏也假奇伎者所以濟江河大水也大風甚雨者所以搏前擊後也僞稱敵使者所以絕糧食謬號令也山林翳薈者所以默行往來也夫兵以詐立以利動使敵人前後不相及上下不相收將卒不相救衆寡不相恃譬如蜂蠆出于懷袖烈火發于廬舍雖壯夫猛士無不驚撓我得乘而制之之謂也　武經總要

海防纂要卷之三

海防纂要卷之七

黎陽王在晋明初甫纂

定廟謨

都御史唐順之題云自海賊入寇以來十餘年東南雖苦其毒而賊之被殺者亦積至幾萬今年寇江北寇浙東者且萬餘而寇福建者傳聞不下二三萬則是殺者不可勝紀而寇者不爲少止夫南倭與北虜異口外砂磧之地從古以來原有韃子腹裏膏腴之地二十年前原無倭子今口外尚有一兩年無寇而倭子却無一歲不來如此不已非止外患將爲内虞

古云兵久則變生近者吳淞定海之間水卒呼糧挾官縛吏則兵變之漸矣蘇人素怯弱而游冶子弟懷毒蓄機日伺倭來裏外合應幸早發之猶燒官寺劫獄囚鬨然一逞則民變之漸矣此其萌芽也誠不可不深圖而熟慮之若謂倭寇之來一歲支却一歲一番殺却一番便自了事則臣不敢知其所終也伏惟聖明勅下禮兵二部備講　祖宗以來招懷撫諭之略防海固圉之機及　勅督撫諸臣徧訪倭情集議長策二十年前何以絕無倭患十年之間何以倭患若此年年禦倭何時是了如何可以永斷倭寇之路

以復東南之舊苟可以利　國不必爲身家顧慮苟可以便今不必以成說拘牽外内臣工方略畢上然後　聖明與廟堂大臣從中主斷而力行之期於三年四年斷却此賊臣猶以爲速也不然一歲一來一來一勝臣猶以爲浪戰耳

敘寇原

太守嚴中云海商原不爲盜然海盜從海商起何也許二王直輩通番渡海常防劫奪募島夷之驍悍而善戰者蓄於舟中泊於雙嶼列表濱海之民以小舟裝載貨物接濟交易夷人欺其單弱殺而奪之接濟

者不敢自往聚數舟以爲衛其歸也許二輩遣倭一二十人持刃送之倭人還舟遇船卽劫遇人卽殺至其本國道中國劫奪之易遂起各島歆慕之心而入寇之禍不可遏矣

都督萬表云向來海上漁船出近洋打魚樵柴無敢過海通番近因海禁漸弛勾引番船紛然往來海上各認所主承攬貨物裝載或五十艘或百餘艘成羣合黨分泊各港又各用三板草撇脚船不可勝計在於沿海兼行劫掠亂斯生矣自後日本暹羅諸國無處不到又誘帶日本島倭奴借其强悍以爲護翼徵

州許二一住雙嶼港此海上宿寇最稱强者後被朱都御史遣將官領福兵破其巢穴焚其舟艦擒殺殆半就雙嶼港築截許二一逸去王直亦徽州人原在許二部下管櫃素有沉機勇略人多服之乃領其餘黨改住烈港漸次併殺同賊陳思盻柴德美等船伍遂致富强以所部船多乃令毛海峰徐碧溪徐元亮分領之因而海上番船出入關無盤阻而興販之徒紛錯於蘇杭近地人民自有餽時鮮餽酒米獻子女者自陷黃巖屠霩霩而其志益驕其後四散劫掠不於餘姚則於觀海不於樂清則於瑞安凡通番之家則不

相犯人皆兢趨之杭城歇客之家貪其厚利任其堆貨且爲之打點護送如銅錢用以鑄銃鉛以爲彈硝以爲火藥鐵以製刀鎗皮以製甲及布帛絲綿油麻酒米等物

除内逆

兵部尚書楊博題云倭賊入寇多因我民爲之勾引蓋逋逃不歸則禍本未拔東西無息肩之期合行督撫諸臣多方招徠務使不軌之徒以次歸正

擇將才

兵部尚書胡世寧云自古將才難得而起自行伍慣

歷戰陣者尤爲難得今彼處邊軍衝鋒破敵者既拘
例不得報功而斬獲首級者又被勢豪奪去不得報
陞官級至於指揮千百戶間有謀勇可用者又或家
貧不得營幹管軍事以顯其才以是將官起自行伍
眞能殺賊者不可再得今宜嚴　勅彼處鎮巡官公
心體訪指揮千百戶中間果有謀勇出衆家貧不得
差遣者務要公心選任管隊把總掌印備禦等職至
於勢豪奪功買功之弊尤宜痛革而行伍士卒果能
衝鋒破敵或斬獲首級者務要實報功次使其得陞
官職與選任指揮千百戶俱令積功漸陞品級以備

將官之選則在邊將領可得眞才而緩急有備矣
兵部尚書張時徹云三軍之司命則在將帥今之世
祿紈袴固有宣力翼戴長於馭衆者矣寧無朘削以
自肥用賄以干進者乎畀之兵柄求無敗事不可得
已昔者晉悼公使欒糾爲戎御以訓諸御知義使荀
賓爲戎右以訓勇力之士可以時使山林草澤行伍
之間未嘗無干城腹心之士也歐陽修所謂求賢勞
之士不必限以下位智略之人不必試以弓馬山林
之士不可薄以貧賤以非常之禮待人人亦以非常
之效報國又謂取禁軍廂軍年少有力者不拘等級

因其技同每百人團爲一隊而教之校其技精而最勇者百人之中必有一人得之以爲裨將合十裨將而教之又於其中擇有見識知通變者十人之中必有一人得之以爲大將此一人之智勇乃萬人之選也推行是說拊髀之思庶幾可慰矣

實軍伍

海道副使譚綸云衛所官軍既不能以殺賊又不足以自守往往歸罪於行伍空虛徒存尺籍似矣然浙中如寧紹溫台諸沿海衛所環城之内並無一民相雜廬舍鱗集豈非衛所之人乎顧家道殷實者往往

納充吏承其次賂官出外爲商其次業藝其次投兵其次役占其次搬演雜劇其次識字通同該伍放回附近原籍歲收常例其次舍人皆不操守即此八項居十之半且皆精銳至於補伍食糧則反爲疲癃殘疾老弱不堪之輩軍伍不振戰守無資弊皆坐此至于逃亡故絕此特其一節耳爲今之計合無委賢能有司官員公同該把總官前去各該衛所督同掌印等官不必論其伍分先將城中街巷盡行查出計有若干毎街毎巷共有門面若干戶分格眼紙一張諭令自開房屋幾間男婦幾口某係精壯某係老弱至

於釜竈床鋪若干亦要從實開載貼於大門之上乃各委官親自持簿帶領各伍官旗沿街履戶逐一挨查面詰該管官旗有無隱漏并執結明白然後比對戶口文冊庶幾可得十之七八於是取其見在人數通行挑選精壯者存留食糧老弱不堪者通行革退卽於戶丁精壯餘丁選補如果在營故絕無丁者除本省地方照舊行勾外其他省人民屢勾無解者不必駕言革勾卽查照近例嚴選別戶精壯餘丁補伍至於充納吏承違例役占者自今伊始通行禁止其賣放逃出外行商業藝投兵撇戲及隱容在籍收取

常例等項俱責令該管官旗及家屬人等免其前罪通行勒限招回一體選補務使食糧者皆精銳之士無復以老弱充數不食糧者照依保甲之法編守城之人如有百姓守城之例不得以無糧藉口該管官旗招徠補充至五分以上即量行奬賞其始終不改縱容賣放如故者掌印及諸伍官旗聽各道從實查參輕則問罪降級重則綁解軍門治以軍法如此庶軍政可肅戰守有人不至臨時紛紛請兵矣

恤軍屬

兵部尚書楊博題云優恤軍士著在令甲即如近日

山西等處之變固是諸軍自干　天憲至於處置乖方當事者亦不得不任其責合無備行督撫總兵等官令所屬大小將領將部下士卒察其饑寒同其甘苦務使人樂爲用闡明信義整肅威嚴務使人不敢欺則感恩畏義無不願死以報上矣

精教練

兵部尚書胡世寧云宋學士蘇軾有言天下不免於戰無事之時士大夫當尚武勇習兵教庶人之在官者以行陣之節役民之司盜者以擊刺之術歲終試之較以勝負以行賞罰一旦有事免以不教之民而

驅之戰乃今日爲世道計者之所當知也
或者云今之議者不思練兵而數欲調兵昔山東兵嘗調矣而無救於敗狼廣兵再調矣而無救於敗薊土兵又調矣無救於敗而害益滋其所至如乳虎而其臨陣如鳥散居則爲民蠹出則長賊威故民苦調兵與被賊等以其練之不精而馭之無統也夫兵法平原曠野此用衆之地也如羣鹿抗獐以多者勝道狹險要則如兩鼠鬬穴以勇者勝雖衆無所用也
兵部尚書楊博題云遠調客兵不如團練鄉兵此誠不易之論況所調狼土等兵兇狠狂悖十倍倭奴總

督既不能節制其將領又不能約束卽如近日川貴總督侍郎石其所奏可鑒巳但議者動謂鄉兵怯懦緩急難恃不知近日浙江揚州之變多係土人何其勇於私鬬而怯於公戰哉是在處置得宜耳合行督撫等官嚴督各該海防兵備守巡將各處鄉兵係隷行伍者責成軍衞募自民間者責成有司如法團練務求實用至於客兵仍遵　明旨不許輕調騷擾地方

副使茅坤云浙人不習射當如兩河以北懸射銀錢之利以誘之使習令弓師而能教百人善弓則善弓

者得以一人兼二人之食而弓師且賞之以百金而署之爲百人之將矣令弩師而教百人善弩則善弩者亦得以一人兼二人之食而弩師且賞之以百金而署之爲百人之將矣如此則不數月而全軍皆善射矣其他短兵鎗棒亦率類此

南京戸科給事中高鶴等題稱各兵之調非經久之計欲選擇客兵之精銳者分别武藝教練鄉兵以一訓十以十訓百以百訓千以千訓萬不半年而民兵即客兵矣

海道副使譚綸云凡言練兵者非但練其藝與坐作

進退之法耳其要莫先於練心其法莫善於節制節者如竹節之節節節而制之卽人心齊一進非倖成退無速奔而常立於不敗之地矣今姑言其槩如以三千人分六總計之十人爲一隊設一隊長百人爲一哨設一哨長五百人爲一總設一把總合五把總爲一營設一叅將士卒未練戰守無功在一營則責之叅將在一總則責之把總在一哨則責之哨長在一隊則責之隊長如是則爲之主將與長莫敢有退縮不奮勇者矣如使爲之將與長奮勇直前以至有失失一叅將則斬五把總失一把總則斬十哨長失

一哨長則斬十隊長失一隊長則斬九卒如是則轉弱爲强因練變化無不如意古人紛紛紜紜鬬亂而不可亂正是此法但分數要明頭目要衆使我所殺者嘗不過十人則心與法不相害而法可必行苟徒具是法而行之不果亦與無法等耳

毛希秉云軍之充敵者在器兵不完利與空手同射不中的與無矢同海賊之器械惟任短兵我軍足以制之者火器弓弩也然善射者寡乞效种世衡教射之法懸銀錢于百步之外不中者宜罰其矢以與勝者三罰而受責三勝者得銀錢又當令其三六九日

演習如鎮江會手然每下操之日爲數十偶使各官分臨之庶不費時日而官軍可善射其他應用器械鎗棍弩銃皆以是法校之數月而軍成矣此精技之法也

足兵餉

都御史章煥云師行糧從有餱糧有糗糒刁斗自隨樵蘇自給强者主戰弱者主爨此軍中之制也今或臨陣而未食或食至而不均或師行境外而食具城中設欲晨炊蓐食捲甲疾趨何以應之事機盡泄士忿不平此養兵之制未定者一也

御史徐栻云積貯者天下之大命也蓋民命以食爲天積貯之法在平時且不可廢況夫兵荒之後其可不汲汲焉講圖之哉臣嘗見　國計取給東南者甚厚故天下惟東南民力最竭而東南之民又惟農最苦也未遭寇亂之先每以賦役繁重視田產如贅疣思欲脫去而爲逃亡者大半矧今倭夷載道竄伏不暇田地拋荒居十九矣所種者又苦久旱難望有秋將來穀必愈少而農民益困明年田地必盡荒蕪不惟邊餉可憂雖欲支持本地恐未克濟且冬既無處可糴夏又無處可糴民之弱者必餓死强者必羣聚

爲盜如之何而不預爲之所也臣熟思之竊有一事其行甚易其效頗多即倣古常平倉之意爲之欲俟秋收之後苟有所入或於他處成熟地方即行府州縣動支官銀糴米比市價二十分內稍增一分招民自運入城貯之空倉不足則寄貯之空寺院待明年夏米乏之時則比市價十分之內稍減一分糶之不拘城內外皆得糴食專委廉官一員司其出入只此一事其利有七米價不踊農人不傷其利一也城中充實膽壯百倍其利二也粟多入城默寓清野之意寇縱焚掠所失亦少其利三也米價常平饑民得食不

驅爲盜其利四也耕種無資稍給與之秋收可望新陳相接謀食之源不絕其利五也十分災傷則開倉賑散民命可全其利六也冬米必賤夏米必貴增價糴賤減價糶貴羨入亦多其利七也此事儻有可行乞　勑撫按轉行各該府州縣用心議行今惟蘇松杭嘉淮揚被害等處尚可求三年之艾其未被倭地方若早爲之均屬有益夫既有戰士捍禦於外使田者得於耕又積穀預備使民有所恃賴將來田闢穀豐所以足　國裕民者在是矣以之安內攘外復何求而不獲哉

清屯種

海道副使譚綸云　國初屯田之制軍在海濱而田在內地召民佃種本末盡善向來多爲大家所占亦有軍貧而轉賣者若清查復舊大爲兵餉之助

閩縣知縣仇俊卿云征調戰攻之日官軍行糧口糧照日給發不暇計費若夫敵退盜寧之後兵火少息之時各處要衝添設把守員役使其聚之而食則倉廩積畜莫非小民脂膏何可繼也合無倣渭上湟中故事將沿海空閑地土督令開耕不起科徵且屯且守一年之後人將自食其力不惟省養兵之費抑且

行寓兵之法時至則務農事去則習武貧而壯者得田可耕未有不願爲兵而又可減召募之虛糜者數千萬緡矣昔戶科給事中林士元等　奏將拋荒屯田不拘軍民僧道之家聽其各擇所便開耕不許屯官分外科擾夫僧道尚許承佃屯田今于長守之戍顧不可聽其開耕空閑土田者耶

汰冗食

兵部尚書楊博題云　國家養育邊軍極其優厚故居則有月糧出則有行糧寒則有冬衣布花至於獲功則又有重大陞賞無非欲得其精捷以爲敵愾之

地耳乃今老弱衆雜所養非其所用逃亡頂冒有名而無其實近戶部題稱督撫諸臣之奏求應援則曰軍馬寡弱逃亡過半請糧餉則曰兵馬衆多供億不支觀此則坐食民力者豈皆投石超距荷戈彀弦之夫未必無老弱疲癃之士與夫缺伍寄名之人也自今合行督撫諸臣各選風力守巡兵備官員親歷各該城堡將見在兵馬逐一查驗精壯者照舊存留老弱不堪者盡行沙汰戶內果有壯丁准與收補其軍士逃亡即行開除如敢仍前作弊以蠹邊儲聽各該巡按御史查參究治

集衆謀

舉人王文祿云如至一縣必諭知縣曰爾爲知縣必知一縣人才有謀者不拘縉紳士庶請之來吾當詢之詢之一縣則一縣之謀集矣詢之一府則一府之謀集矣府縣積而爲省省積而爲天下則天下之謀集矣然集衆謀必先虛巳畧去勢分屈降咨詢邇言不遺寸長必錄懽然如家人父子手足腹心之相與唯求靖寇爲急則庶乎其可也宋岳武穆謀勇之全者也將出兵也猶且盡召諸統制環坐而飲食之先謀敵之所以敗我者至於六七竭智共攻必無敗也

乃行故每戰而無敗況其下者而可不集衆謀乎是

故用兵者必以集衆謀爲先也

收圖籍

都御史唐順之云古之籌邊者虜之所從入與吾之所以制虜皆可以按圖而坐籌之是以守固而戰克人皆言虜人來去如風雨此亦未必盡然且虜人非萬騎不能大舉騎不可一日無水草砂磧少水而水草可飲食萬騎者尤爲難得虜人擁騎南下須是覘得水草便利處然後可入其無水草處虜人亦不能以饑渴馬致千里也是以邊城雖綿亘千萬里虜人

雖是風雨來去而其師從入大約可以先定其小小隘口零騎可入處雖不可數而其大舉之路大約不過數條而已禦虜者當慮備多而力分苟圖畫分明可以必虜之所入與所不入知虜所入與所不入則備可以不多而力可以不分列屯築堡駕梁按伏省却大半氣力矣

公賞罰

兵部尚書王守仁云古者賞不踰時罰不後事過時而賞與無賞同後事而罰與不罰同況過時而不賞後事而不罰其亦何以齊一人心而作興士氣是雖

使韓自爲將亦不能有成

副使吳子孝云凡戰鬬之時不須首級爲功今因割首級徃徃誤事如一陣海寇盡殪滅之總筭給賞不以首級爲貴則破敵必矣

禁妄殺

兵備副使淩雲翼云賞功罰罪勸懲繫焉今各領兵官員既不能奮勇運謀爲地方保障徃徃將被擄逰回或窮鄉避難之民殺以報功故行路者若非成羣不敢獨行是不能禦賊而返爲民賊矣又從而賞之誠可痛恨今後報首級止一顆二一顆者聽本道查訪

果有對敵實迹方轉送紀驗其或詐冒無據者即鞫究明白坐以抵命至於指稱奸細殺以爲功者猶爲易見蓋謂之奸細必至一二人假裝吾民或探聽消息或潛爲內應既已覺露可縛而致之非臨陣血戰者比也何至斬首級哉以後奸細止許生擒不許殺害違者一體抵罪蓋天理人心照然難泯而欲欺昧以求滅賊未有能濟者也

禦海洋

總督尚書胡宗憲云防海之制謂之海防則必宜防之于海猶江防者必防之于江此定論也　國初沿

海寧衛各造大青及風尖八槳等船一百餘隻出海指揮統率官軍更番出洋哨守海門諸島皆有烽墩可爲停泊其後廢弛出洋之令列船港次浙東于定海浙西于乍浦蘇州于吳淞江口及劉家河夫乍浦之地海灘淺闊無山嶴避風之處前月把總周易等所領戰船被賊燒燬僅遺十餘隻近又報爲颶風擊碎不若海中洋山殿前窩集反可泊船也吳淞江口及劉家河出海紆迴又非泊船防海處所議者欲分番乍浦之船以守海上洋山蘇松之船以守馬蹟定海之船以守大衢則三山品峙哨守相聯可扼來寇而

又其外陳錢諸島尤爲賊衝三路之要兵部原題副總兵俞大猷統領戰船往剳海上防賊截殺則如陳錢乃其所當屯泊而提督軍門及海道等官每於風汛時月相約巡察有警則我大船火器衝截賊入使不得越過各島則彼毒無所施釁孽不作而內地安堵矣

又云直隸與浙江名雖異地而實則一家若不設官總理則彼此自分門戶賊一入內地隨風南北可以互犯故必共守陳錢分守馬蹟等三道而後賊無遁情兵可夾擊必得總兵官正副二員分駐金山臨山

要會之地先守陳錢以春秋分任更番出入而參將分畫三道馬蹟等三山各督信地則人易爲守而守無弗力矣

兵部尚書楊博云平倭長策不欲鏖戰于海上直欲邀擊于海中比之制禦北狄守大邊而不守次邊者事體相同誠得先發制人之意　國初更番出洋之制極爲盡善至於列船港次猶之棄門戶而守堂室寖失初意宜復　祖宗出洋之制

在京各衙門會議云倭奴長技利于陸我兵長技利于水歷查連年用師凡得捷俱在海戰利害較然明

矣海中陳錢大衢馬蹟洋山諸島爲賊南犯必由之路先該督察侍郎趙文華條陳會議海防長策首列此條今又該南京工部尚書馬坤左通政何雲鴈題相同合咨新任總督令總兵官速集太倉崇明嘉定上海沙兵及福蒼東莞等船分爲二哨專守洋山馬蹟又將紹興溫台捕魚及下八山採捕福蒼東莞等船分爲二哨專守普陀大衢其陳錢山爲浙直分路之始所宜更番共守

主事黃元恭云或者曰我兵長於水戰短於陸戰而倭奴則長於陸短於水故禦之莫要於海中陳錢馬

蹟大衢殿前洋山當倭奴往來之衝誠設總兵官駐陳錢叅將三員分駐馬蹟大衢殿前洋山常川督哨禦其來而邀其去賊殆盡殲而魚矣愚竊謂其策甚善而難行蓋海棲經月必有颶風巉崖劒峰難於旋泊癸丑春叅將俞大猷圍王直于馬蹟蛟龍驚砲而起幾至覆没師旋賊逸乙卯秋浙直會兵大衢殿前邀賊歸路疾風暴雨大作飄没舟師以千萬計是亦乘危幸功者也夫大海無際何獨稱四山爲賊由之衝蓋航海者必晝行夜止依山宿泊自倭東南而來望中惟此四山相去各一二日程始至陳錢必泊次

泊馬蹟次泊大衢次泊殿前洋山若驛傳駐蹕然固非若子午谷東西莫適必由隘中行者賊誠知山有兵東西南北何所不適雖失所依泊然與犯戒兵之必死寧冒風濤之不測且聞長老云趁椗揚帆舍山泊而適大洋此避颶風之妙術而豈謂必死地哉知戎地而不避有生途而不趨賊必不然矣然則禦其來而邀其去不可爲歟曰依此四山但嚴遣哨稍到之令潛師伺之萬無不中若設官顯駐是示趨避之標耳故是策也宜潛不宜露宜邀其歸不宜伺其來蓋歸路可計日候風信故也

海道副使譚綸云陳錢馬蹟洋山離內地太遠糧餉易匱聲援難及若欲於此設哨海濶無涯恐賊舟不必由此而來我軍孤危無益而有損耳不如荆川舟山備禦之說爲善舟山乃內海非外地也一有緩急哨報與策應皆易

固海峤

太常寺卿魏校云晉溪在三邊欲分軍守邊遂菴聞而訝之使人往問晉溪答曰三邊數千里欲一一守之雖盡天下之兵不能也只是擇要害處爲達虜素所入寇之路把截則可耳晉溪威令素行凡達入寇

衆軍爭相救援無不擒獲邊境稍安此言北邊設險之法愚謂海防亦然

鎮撫蔡汝蘭云環海兵船之設其法不爲不善其備不爲不周矣邇年倭寇往來兵船未收全功者必有說焉夫茫茫巨洋極目無際雖於要害之處聯艦設備而疾風怒濤不時亦必擇善地而停泊焉豈得揚帆起椗常出洋口而能盡阻賊船之不入盡遏賊船之不歸哉但能於大數內打得分數中幾分耳必欲其盡收全功以爲經久不易之圖在於水陸夾攻盡之矣夫倭寇之發艅犯我也每徒止備一月行糧而

飄泊二月者有之每船可載百徒而滿載二百者有之及其抵岸困憊莫甚使得焚舟登陸奪險鼓勢養銳蓄精然後出我兵以臨之近者十日遠者一月方得與賊相望反主爲客轉佚爲勞豈能得志於彼哉爲今之計宜於春汛小汛先期一月將各道兵士督發各海口要害之處如在嘉湖者出三關在紹興者出龕山出臨山出觀海出三江在寧波者出定海出昌國出象山在台州者出海門出新河出松門在溫州者出楚門出盤石出金鄉等處安營操練與兵船相表裏以爲防守萬全之計脫或賊船潛入海口則

水兵星羅於其外陸兵雲布於其内其將至也擊其困憊既至也擊其先登既登也擊其無備以憊倉遑之賊而當我養盛豫備之兵一鼓成擒可不血刃而收其全功矣春汛之期不過三月將終四月將半小汛之期不過九月將終十月將半過此則非風汛所利而倭警不必防矣今宜於每年三月九月初將各道統兵官分於信地令其督領部兵出沿海兵船停泊之處安營操練防守賊至節擊春汛至五月終小汛至十月終方令撤兵歸道嚴立限期通行浙直廣福提督總參衙門永爲遵守則防禦周而賊無返棹

先聲播而賊無伺志矣

謹瞭探

兵備副使凌雲翼云哨探者兵之耳目也哨探既眞則先事有備今沿海守把官員遇賊初至皆不聞知及已近岍倉遑失措甚則我船亦有被擄以爲賊資者今後把總官務要督同各哨官員多置蜈蚣梭船精選熟知水性之人遠出外洋分投哨探如有聲息先來傳報其附近各港官兵一聞警急隨合䑸約會截擊大洋庶可獲制勝之功如賊從其官其信地登岍把守官不先期傳報附近官兵聞報不即時策應

以致深入腹裏貽害地方聽本道查實指名參究坐以失悞重罪其有與賊相拒衆寡不敵者原情另處庶人心兢惕海防可固矣

愼招撫

兵部尚書胡世寧云已招者不殺再叛者不招新起者必撲滅於微

散賊黨

副使茅坤云於閩之漳福泉州浙之寧波等處當行有司嚴爲保甲之法各籍其里之名氏而鉤考之而爲之鉤考者亦非欲據籍而罪之也特令見在土著

者不得望風而煽誘入海既羣聚入海者廣令招諭曲爲緩其罪而出且爲之下令大略賊從以下有自縛來歸者並得免死有能手刃其黨來歸者仍撥給賞銀二十兩三級以上仍命爵一級有能誘衆面縛來歸者亦如之有能手刃所稱佐亂劇賊如某某者賞銀五百兩仍世襲千戶其嘗佐亂劇賊而能率所部來歸少或數十人多或百人以上者賞亦如之所部人獲免死仍優恤以差其能手刃首亂某某來歸者賞銀一千兩仍世襲指揮使其爲首亂能自歸者亦除罪免死而能率所部二三百人以上自縛來歸

者賞亦如之其所部人亦得免死仍優恤以差凡賊中有能自縛告以賊情因導官兵擊死得勝者每二級准手刃一級爵亦如之有能焚溺其舟并輜重兵仗因來歸者而告官驗實亦賞如手刃佐亂之賊又下令於閩之漳福泉州及吾浙寧波等處各賊犯之父母妻子兄弟朋友隣佑有能自行首鳴者勿連坐其爲若父母妻子兄弟朋友隣佑不能首鳴而他人告發驗實則以其罪罪仍量以所犯之貲充賞有能私縛所犯來歸者並亦得免死賞如之有能以姓名聞官因而詐入賊黨本圖誘所犯來歸所犯卒不聽

因而諜知賊情告官而令官兵擊殺得勝或左計陷賊或自賊中焚溺其舟而出者賞亦如之其故行黨而不以告者並得論罪如律又下令傳示海島諸夷有能手刃首亂之賊或擊滅其黨數十百人以上刻首虜以聞者賞以萬金加以封爵願歲通貢入市者聽

閩縣知縣仇俊卿云海寇之聚其初未必同情有寃抑難理因憤而流于寇者有憑藉門戶因勢而利于寇者有貨殖失計因困而營于寇者有功名淪落因傲而放于寇者有傭賃作息因貧而食于寇者有知

識風水因能而誘於寇者有親屬被拘因愛而牽于寇者有搶掠人口因壯而役於寇者諸如此類中間不無可矜雖在寇盜之日未必皆無求生之心樂於犯法以甘必死者豈人情之通好哉招徠撥亂轉移亦易吾將爲攻心之謀伐交之計必明揭榜于通衢或書黃旗標揷寇所內地之人有願歸籍許令不時投首官給口糧押赴各該鄉幷有親隣識認者卽時放釋並不加罪中有豪傑能以智力取倭者來獻者另行重賞若能說誘謀主出降者 題封見任官職如此彼心危疑其黨易散又聞寇至地方必先擄其

土著之人以爲鄉導吾卽以鄉人之知巧者遺之擄去及行間諜或假作接濟之人與之往來使不相疑或賄貽之財使厚相結兼餽飲食使日相狃如此未有不可得彼之情以行吾計取者也

擇守令

副使茅坤云近海郡縣有司尤當別議者何則國無雞犬之警則廉靜長厚之吏當爲治最矣時有羽檄之馳則長駕遠馭之士亦所急使矣故語曰寬則寵名譽之人急則用介冑之士方漢匈奴大入雲中上黨雖有龔黃卓魯之賢無益於用矣故漢武帝方聞

匈奴入雲中上黨諸郡並出材官騎士若李廣程不識之徒以爲守尉竊謂今日近海之州縣也亦然爲撫巡者當合郡縣長吏及其佐貳並量其材而器使之大略近海者則擇其彊智精悍之材一切練軍實築城堡謹斥堠嚴部署皆藉之以備緩急而其餘腹裏郡縣則擇其寬和柔靜之士慎出納謹筦籥特務與民休息而已此郡縣有司之略也

用間諜

都御史唐順之云用間使其自相疑而自爲圖最是攻夷上策然非深得敵情則不能用間非熟於地形

則不可以成犄角之勢而夜襲敵營且我兵形既露虜人亦日夜爲備而匿實示虚匿近示遠匿精壯而示羸弱百計以疑我者宜亦深是故得敵情爲難

築城堡

都御史章煥云北邊城堡相望凡以防衝突備虜掠也南方之畜侈於北邊風帆之力疾於馬足苟無城堡賊何畏而不來民何恃而不散且夫賊勢之熾凡以鄉民奔竄奸民惑亂助其聲也有城堡則居者守避者歸耕者歛且遠近按堵什伍相堡奸民無所容無奸民則無嚮導何以能深入居民不散田野不蕪

賦稅不乏根本之要也及今秋冬宜令諸鄉大者爲城小者爲堡而聚民其中城堡羅列賊必不敢越境而内侵東南世世之利也或曰公私俱竭如冗費何夫軍興不止費且不貲民散不復賦將何出城堡所以省軍需足 國計者也何謂費也昔 皇祖嘗命湯和視海上擇要地築數十城以備倭使治倭有他策也 聖慮嘗先之矣今安用紛紛爲也

通貢道

通政唐順之奏云據總兵官盧鏜手本内一款撫處夷情以尊 國體事開稱 祖宗以來給與日本金

印勘合十年一貢船不得過三隻人不得過百名既中遠夷慕義之情遠夷亦得交易中國之貨以爲利而中國亦以羈縻遠夷使常馴服不爲寇賊百餘年來自嘉靖二年宗設宋素卿等爭貢讐殺貽害地方因而絶貢至嘉靖十八年正使碩鼎等齎獻貢物并進表文伏罪荷蒙　皇上擴天地之仁雖非貢期復准入貢嘉靖二十六年正使周良等坐船四隻復貢議者計方九年之期有違事例徑自阻回從此貢路不通倭夷素性貪詐利我中國之貨既不與貢則無復望矣因此遂被姦徒勾引同利爲寇不止則以偶

蹉一年貢期阻回之故也爲今之計乞題請 聖裁
行令各衙門遵照今後夷人復來求貢果有眞正表
印勘合别無詐僞姑不計其限例就與奏請起送赴
京譯審來寇之端 勑彼國王令其查治惡逆欽戢
屬夷使不敢再犯則倭夷知有貢路之可通而奸計
自銷黨類自攜勾引之徒亦可暫縛矣鏜老將也二
十餘年在海上熟諳夷情其言當不甚妄乞 勑該
部查議可行與否臣又聞先時陝西總制王瓊驗西
夷事以謂能絶其入貢之路不能絶其入寇之路今
亦可借以爲喻也

尚書楊守陳云倭奴僻在海島其俗狙詐而狼貪自唐以至近代已嘗爲中國疥癬矣 國初洪武閒嘗來而不恪 朝廷旣正其罪復絕不與通著之爲訓至永樂初始復來貢而後許之於是往來數數知我中國之虛實山川之險易因肆奸譎時挐舟載其方物戎器出沒海道而窺伺我得閒則張其戎器而肆侵夷不得閒則陳其方物而稱朝貢侵夷則卷民財朝貢則沾國賜閒有得不得而利無不得其計之狡如是至宣德末來不得閒乃復稱貢而 朝廷不知其狡 詔至京師燕賞豐渥稛載而歸則已中其計

矣正統中來而得間乃入桃渚犯我大嵩劫倉庾燔室廬賊殺烝庶積體流血如陵谷縛嬰兒于柱沃之沸湯視其啼號以爲咲樂捕得孕婦則計其孕之男女剔視以賭酒荒淫穢惡至有不可言者吾民之少壯與其粟帛席捲而歸巢穴城野蕭條過者隕涕於是　朝廷下備倭之詔命重帥守要地增城堡謹斥堠大修戰艦合浙東諸衛之軍分番防備而兵威振於海表　四十八年間邊氓安堵而倭奴潛伏罔敢揣焉茲者復來窺伺而我軍懷夙昔之憤幸其自來送死皆瞋目礪刃欲食其肉而寢處其皮彼不得間

乃復稱貢而我師遂從其請以達于　朝是將復中其計矣今　朝廷未納其貢而吾鄞先罹其害茇民稼穡為之舍館朘民脂膏為之飲食勞民肋力為之役使防衛晝號而夕呼十徵而九歛雖鷄犬不得寧焉而彼且縱肆無道强市物貨善詭婦女貂璫不之制藩憲不之問郡縣莫敢誰何民既譁然不寧矣若復　詔至京師則所過之民其有不譁然如吾鄞者乎矧山東郡縣當河決歲凶之餘其民巳不堪命尤不可使之譁然也且其所貢刀扇之屬非時所急價不滿千而所為靡國用弊民生而過厚之者一則欲

得向化之心一則欲弭其侵邊之患也今其狡計如前則非向化者矣受其貢亦侵不受其貢亦侵無可疑者矣昔西旅貢獒召公猶致戒於君越裳獻白雉周公猶避讓不敢受漢通康居罽賓隋通高昌伊吾皆不免乎君子之譏況今倭奴乃我讐敵而於構釁之餘復敢懷其狙詐狼貪之心而施其奸計以罔我其罪不勝誅矣況可與之通乎

開互市

王事唐樞云我　太祖高皇帝定鼎之二年遣使趙秩招諭日本次年國王良懷奉表入貢五年復遣僧

祖聞往諭之隨遣人奉方物時祖闡之使也宗泐以詩別而　高皇帝親和之有同仁無遐邇之句十三年貢使無表文俱發三邊安插十四年貢使表有前使姓名乃悉放還自十五年賊臣胡惟庸黨備倭指揮林賢入倭搆亂十六年寇金鄉十九年進巨燭暗藏火藥兵器佐惟庸爲不軌于是　高皇帝立訓絕其往來夫招之者帝王無外之仁也無驗而拘之及得其眞而即歸之中國柔遠之禮也其奸深禍結示以永拒聖人誅罪之義也然不即勤兵于討以訓令代鈇鉞明于勢之所不及不欲以全律之也况罪以

罪乎其人豈終罪其國無可宥之日耶是則良懷世
而　聖怒宜息矣故當　文皇帝繼世定貢加賚遣
使給符封其鎮山初禁似與全釋蓋後先殊局彼此
異宜而其致一也嘗考大明律凡將物私出外境貨
賣及下海者罪止杖一百將人口軍器出境及下海
者絞因而走泄事情者斬及考問刑條例擅造二桅
以上大船將帶違禁貨物下海往番國買賣潛通海
賊同謀結聚及爲嚮導劫掠良民者處以極刑若止
將大船僱與下海之人分取番貨及糾通下海之人
接買番貨發邊衛充軍若小民撐使單桅小船于海

邊近處捕魚採木巡捕官兵不許擾害欽測 皇猷防民以惡交而不強遏其販貿杜民以奸搆而不直撓其生業故海上境外之貨實與夷爲市罪惟杖而不過謂不勝勝其重也其誅斬焉則人口軍器恐資寇兵益盜黨耳違式巨艦雖成濟具而原其所欲爲若只從互市罪亦不列死款夫然後知 先皇制律之意嚴奸宄以沮其漸復因利用以體其情苟當事者不詳議慎測一切矯枉而踰于直豈 先皇大道爲公之謂哉

通政唐順之云 國初浙福廣三省設三市舶司在

浙江者專爲日本入貢帶有貨物許其交易在廣東者則西洋番船之輳許其交易而抽分之若福建旣不通貢又不通船而 國初設立市舶之意漫不可考矣舶之爲利也譬之礦然封閉礦洞驅斥礦徒是爲上策度不能閉則國收其利權而自操之是爲中策不閉不收利孔洩漏以資奸萌嘯聚其人斯無策矣今海賊據浯嶼南嶼諸島公然番舶之利而中土之民交通接濟殺之而不能止則利權之在也宜備查 國初設立市舶之意毋瀆利孔使奸人得乘其便

兵部尚書張時徹云或謂定海沿邊舊通番舶宜准閩廣事例開市抽稅則邊儲可足而外患可弭殊不知彼狡者倭非南海諸番全身保貨之比防嚴禁密猶懼不測而況可啓之乎況其挾貲求利者即非脯肝飲血之徒而捐性命犯鋒鏑者必其素無賴籍者也豈以我之市不市爲彼之寇不寇哉殷監不遠元事足徵當商舶未至而絕之爲易貿易既通而一或不得其所將窮兇以逞則將何以禦之乎今之寇邊者動以千萬計果能一一而與之市乎內地之商聞風膽落果能驅之而使市乎既以市招之而卒不與

市將何詞以罷遣之乎夷以百市兵以千備夷以千市兵以萬備猶恐不足以折其奸謀我之財力果足以辦此乎且市非計日限月之可期也彼之求市無已則我之備禦亦無已果能屯兵而不散已乎此皆利害之較然者也乃謂可以足邊儲而弭外患不已大繆乎

按倭國服飾器用多資于中國有不容一日缺者安能待十年一貢之期而限以三船所載之數哉若禁其貿易則入寇劫奪一定之勢也蓋倭國雖小亦有君臣朝貢燕享禮儀使無絲緜等物則無

禮文而不成乎國矣彼既不容不資於我而利重之處人自趨之豈能禁民之交通乎故官法愈嚴小民寧殺其身而通番之念愈熾也已上俱籌海圖編

論曰鄭端簡有云當倭亂之時給事中夏言上言禍起于市舶禮部遂請罷市舶而不知所當罷者市舶內臣非市舶也夷中百貨皆中國不可缺故祖訓雖絕日本而市舶司不廢蓋以通華夷之情遷有無之貨收征商之利減戍守之費又以近海賈抑姦商使利權在上也市舶罷而利孔在下姦豪外交內訌海上無寧日矣噫斯言不為無見猶

非窮本之論也蓋姦商貴官家負欠舶金固爲厲階然使番舶不至則姦商貴宦家又何從誆取其貨負欠其金以階厲也故靖海之道唯絕番舶嚴海禁而已夷貨非衣食所急何謂中國不可缺耶絕之則內外隔而相構之釁無由生矣夷雖欲窺伺我也何可得耶然朱紈嚴其令而言者紛紛則衣冠之盜甚于夷狄也紈去禁弛不旋踵而躁躪之禍半天下市舶內臣所爲乎經國者可以深長思矣載　肅皇大謨

備水陸

防汛之時結營之地雖險阻不足恃貴謹備也舟師屯聚海上傍山島以爲依止伏路有船瞭望有兵會哨有符巡哨有信法誠善矣第中間奉法者固有而習於怠惰者亦多乃若伏路雖設捕兵鼾睡漫不支更者有之瞭望雖派兵士偷安會不登山者有之及登山而又躲避風日不行瞭望者有之至於會哨塡符本以稽兩地之勤惰有會一次併後數次俱塡者有向不會哨時將繳符併前數次總塡者巡哨外洋毎圖虛應故事如一山之間巡西而失東巡南而遺北上年壇頭之事可爲殷鑒種種情弊有難枚舉止

存虛名罔裨實効若此廢弛豈今日海防之所宜哉惟諸總哨果能實心任事方可責各捕兵殫衷効力自今伊始伏路船於本信前後要地晝夜偵問往來船隻夜則船回支更水上見有可疑之物及異省船隻即為驅逐無容擅入本信瞭望各兵毋分晴雨必令登高遠瞭照依分定時刻更換不許先期偷安會哨巡哨必須如期到信外洋偵探毋得虛文塞責彼此扶同致悞軍機此水軍之說也若陸地結營又有說焉夫兵臨敵境地形我必細究其順逆叢林我必深曉其厚薄遇有報警不可急遽周章當貿畏戒嚴

俾吏士若臨大祭鼓則進金則止不金不鼓湛如停淵靜以待之庶不致驚擾潰蹶然思爲未雨之防於凡所止之地四圍隄備各以勁勇之士伏强弩利楯多列鼓聲有賊遽發擊鼓爲號賊擊衞兵中營出輕兵援之賊擊中營四面發伏夾攻中營惟堅陣待變而已又當預擇輕勇者二十四人爲八方每方各三騎相去一里晝以旗夜以鼓爲號第一騎見賊警即舉旗第二騎知之亦舉旗第三騎知即馳告本將夜用鼓如晝之旗法若夫烟霧蓊塞風雷震驚旗之不見鼓之不聞三騎並亟馳告庶無卒至之患流突之

處矣

練氣力

凡人之血氣常用則堅怠惰則脆如善走之馬常常試練則不策而馳苟久畜廐櫪一旦用之而疲矣蹶於練也故勞其筋骨於人有益特不宜太苦耳兵士交鋒器械當輕平日操練器械當重蓋平日重者旣熟則臨陣用輕者自然便捷不爲器所欺曰練手之力古人足囊以沙漸漸加之試之能疾走臨敵去沙輕便善趨曰練足之力習戰之時必身荷重甲加以重物勉强支持庶臨戰身輕進退自速曰練身之力

誠能練此三者則人力自裕如矣練力要矣練心貴焉力者人之用也心者人之主也平日教之以孝悌忠信之誼明之以死生榮辱之理有事而驅之當敵必死之心存幸生之念絕氣不期銳而自銳力不期足而自足矣

習銃砲

竊觀海上制敵成功器具以銃砲爲第一但捕兵惟慮歲用火藥數少不肯演放惟有不演放於平日故不能濟用於臨事于取威遠砲佛狼機碗口百子等銃一一試放立的以期中捕兵近雖漸知尚不能百

發而百中夫平日百發百中則臨敵倉皇之際僅可什中其四五若平日什中其四五則臨敵倉皇之際可預知其不能中矣近該條議蒙允歲加火藥以備時常演放願同事者勿容捕兵如前懶惰藉口藥彈無措以致漫不演習務以前行捕兵號令時常親身教練威遠發熕佛狼機等銃可以致遠於五十步之外照把根打去百步之外照把中打去百子碗口鳥嘴等銃力難遠到於三十步之內照把根打去五十步之內照把中打去當敵寧持重而待近勿輕率而遠發此其大略也乃若銃之大小藥之多少敵之遠

近是在臨時相機務期必中又不可執一而談然銃砲之要尤在火藥之精邇來火藥俱屬總哨製造若苟且塞責是自罹其患也製造既精仍須時常檢點曬晾勿使濕潤則銃砲自利何功之不成哉已上俱

衆將徐一鳴東海籌略

海防纂要卷之七

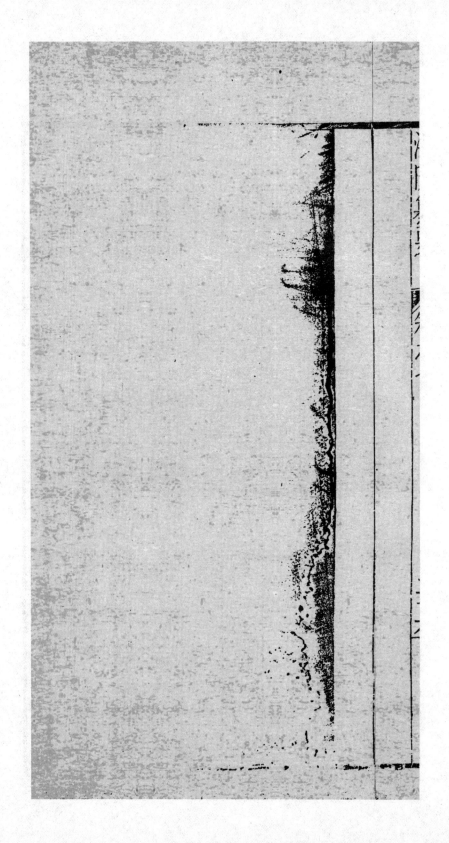

附全五册目録